할아버지가
데리러 갈게

★ 육아고수 할배의 힐링육아에세이 ★

할아버지가 데리러 갈게

서석하 에세이

추천의 글

오산이라는 소도시의 동네 오빠이자 선배님이신 작가님을 알게 된 뒤 참으로 많은 것을 배웠다. 오산에서 작가님이 운영하던 〈26th 카페〉는 늘 예술적이고 즐거운 분위기라 나는 거의 매일 공부하러 그곳에 갔다. 작가님의 일상을 지켜보다 나도 어느덧 카페의 한식구가 되었고, 어쩌면 한 가족이 저렇게 사랑하며 살아갈 수 있을까 싶어 작가님은 나에게 부러움과 존경의 대상이었다.

큰 손자와 거의 매일 놀아주시고, 일주일에 한 번씩 손자를 데리고 여행 다니며 사진 찍어주시고, 마주 앉아 공부시키시던 모습이 눈에 선하다. 책에 나오는 쌍둥이들은 안동에 살고 작가님은 카페를 운영 중이라 서로가 자주 못 보던 시절, 그래도 늘 페이스톡으로 안부를 전하며 쌍둥이들과 인격적인 만남을 이어가던 작가님을 기억한다. 지금보다 더 어렸던 쌍둥이들이 어찌나 똑똑한지 나도 감탄할 지경이었다.

어느 날 작가님이 안동으로 이사가신다는 소식을 전해 듣고 얼마나 서운했는지 모른다. 페이스북에 연재하시는 〈노부부 이야기〉와 둥이들의 소식을 가끔 보고는 있었지만, 둥이들 이야기가 이렇게 책으로 나오게 되어 정말 기쁘다.

작가님은 창조적이다. 둥이들을 위한 스무디나 짬빵 뿐만 아니라 놀이 도구를 직접 만들어내고 함께 놀아주신다. 막무가내로 떼쓰는 아이들을 교육적으로 이해시키고 승복을 받아내는 머리 좋은 육아의 고수다. 둥이들은 복도 많지, 할아버지가 만화에 사진에 글쓰기에 운동에 요리에 도대체 못하는 게 없는 팔방미인이니 말이다.

작가님은 '사랑' 그 자체다. 나는 작가님이 손주들을 대함에 있어 한순간도 진심이 아닌 적을 본 적이 없다. 고령자는 늘어가지만 현명한 어른은 드문 이 시대에 작가님은 진정한 어른이자 사랑의 전도사다. 아이들 키우는 힘든 일을 매순간 진심으로 대하는 작가님이 놀랍기만 하다. 작가님은 귀엽기만 한 손주들에게 뿐만 아니라 두 딸에게도 사랑 가득한 아빠로서 딸들을 훌륭히 키워내셨다. 아내에 대한 사랑은 말할 것도 없다. 아내를 그렇게 깊이 사랑하고 존경하는 남자를 본 적이 없다. 이젠 내리사랑으로 손주들에게 그 사랑을 충만히 나눠주고 계시니 어찌 어른이 드문 세상에 롤모델이 아니겠는가.

이런 작가님이 안동에 가셨으니 둥이들의 미래는 '반짝이 요정' 딸둥이처럼 반짝반짝 빛이 난다. 참다운 어른, 둥이들의 할아버지와 손주들의 일상을 아름답게 그려낸 책 〈할아버지가 데리러 갈게〉는 험한 세상에서 아름다운 사람을 길러내는 일의 길잡이가 되어줄 것이다. 현재 손주들을 육아 중이거나 앞으로 하게 될 분들에게 이 책을 꼭 읽어 봐야 할 육아도서로 추천한다.

작가님 가족 구성원들의 행복과 건강을 기원한다.

한국자치법규연구소장

최인혜

둥이들에게

함께 한 시간들이 벌써 7년이 되었네! 6년 전에 할배의 두 번째, 세 번째 손주로 같은 날 세상에 왔지만 함께 했던 시간들이 너무 짧았었지. 물론 그때도 둥이들을 향한 할배의 구애는 변함없었지만, 너희들은 쿨쿨 잠만 자거나 배고프다 칭얼거리는 게 전부였어. 할배 혼자서만 신났던 거지! 그렇게 마냥 아기일줄 알았는데 어느 틈에 이렇게 훌쩍 커버린 것인지 놀랍기만 해. 몸만 자란 줄 알았는데 생각도 함께 자라서 할배를 놀라게 하고 당황스럽게 할 때가 한두 번이 아니었잖아!

강적 둥이들~! 할배의 표현이 마음에 들지 않겠지만 그렇게 부르기로 했어. 나이를 물을 때면 할배는 늘 여덟 살이라고 답하잖아. 여덟 살이지 않고는 둥이들과 어울려 놀기가 정말 쉽지 않아. 한두 살쯤 더 먹은 아이의 마음이라야 제대로 놀 수 있기 때문이야. 둥이들 마음에 오래 남을 장난꾸러기이고 싶은 게 솔직한 할배의 심정이야. 할아버지와 손주 사이보다 한두 살쯤 더 먹은 만만한 형이나 오빠가 훨씬 편하고 좋을 거라 생각했어. 더 자라면 알게 되겠지만 할배도 장난과 투정이 필요했거든.

둥이들과 함께 한 날들은 하루하루가 선물 같았어. 며칠만 못 봐도 궁금해서 둥이들의 안부를 묻곤 했지. 밥은 잘 먹는지, 아픈 곳은 없는지, 그 중에서도 가장 묻고 싶었던 건 혹시 할배 보러 가자고 떼쓰지는 않았나였어. 마주 보며 살면서도 늘 그리워했으니 할배가 진거 맞아. 잠시만 못 봐도 눈에 어른거리고 보고 싶어 한 걸 보니 둥이들의 마법에 단단히 걸린 게 아닐까 싶어. 천하무적 같은 할배를 이렇게나 꼼짝 못 하게 만들 수 있는 너희들이니 강적인 게 맞지?

둥이들과 함께 한 1년이 할배의 마음속에 차곡차곡 쌓여서 더는 담아둘 수가 없어. 너희들에게서 받았던 기쁨과 행복들이 넘쳐서 흐르고 있어. 흘러넘치는 이야기들을 모아 어린이가 되어버린 둥이들에게 선물하고 싶어서 또 다른 그릇에 옮겨 담았어. 할배의 손주들로 세상에 와줘서 정말 고마워! 정말 사랑한다! 얘들아~!

차례

추천의 글 • 5
둥이들에게 • 8

할아버지는
육아고수

우리 공유해요 • 15
혹시 저 욕하신 거 아니죠? • 18
어여쁜 누나, 정말 미안해 • 22
할아버지 배고파요 • 27
…! …! • 33
스무디 맛집 • 37
내 빵 어디 있어요? • 42
왜 저번이랑 달라요? • 47
같이 놀아요! • 50
딱 한 번만요~ 네? • 54
아끼는 물건이 사라졌어요 • 58
아닐 때도 있잖아요! • 61
아빠는요? • 65
아니요! 버리려고요 • 72
좋은 생각하기 • 79
선생님은 절대 절대로 안 할래요 • 82
그렇게 걸으면 안돼요 • 87
그거 속임수죠? 다 알아요! • 92
하나는 내 말 안 들어요! • 97

할아버지는 장난꾸러기

아주 잊으신 거 아니죠? • 103
여보세요, 망태할아버지죠? • 108
에이, 뽀뽀 그런 게 어디 있어요? • 112
그러지 마, 할아버지 깨셔! • 118
할아버지, 시원해요? • 122
야채도 잘 먹어요 • 124
왜 하나만 좋은 거 하냐고요 • 128
꼭 저도 주셔야 해요! • 132
좋았던 건지 아닌 건지 그걸 잘 모르겠어요! • 136
할아버지가 잘못했네! • 142
첫사랑이 누구야? • 146
제가 이긴 건 맞잖아요? • 149
혹시 하진이 친구? • 155

할아버지는 손주바보

아픈 만큼 자란다 • 163
할아버지! 조심하세요 • 166
열 번은 너무 많아요! 다섯 번만 더 해요 • 171
두 골 넣었어요! • 175
꽃하고 친구도 해요? • 178
엄마 안녕! • 181
할아버지! 목말라요 • 183
사진 찍고 가요 • 188
부용대 고양이 • 191
얘들아 제발! • 196
할아버지가 그런 거 엄청 잘하잖아! • 199
그래도 괜찮아요 • 203
옛날이야기 • 208
우리 옆집으로 이사 오시면 안되나요? • 212

에필로그 • 216

육아고수 할배의 힐링육아에세이

할아버지는 육아고수

우리
공유해요

할배의 집은 둥이네와 마주 보고 오십 미터쯤 떨어져 있어 창문을 열면 톤을 높인 대화가 가능할 정도다. 둥이네가 할배의 새집 입주를 축하해주러 왔다. 아내가 좋아하는 꽃다발과 축하 메시지를 담은 카드를 둥이들이 건네준다. 둥이네 가족들은 채 정리도 끝나지 않은 집 구경을 하느라 분주하다. 할배가 찍은 사진 액자가 걸린 거실을 시작으로 할배부부의 침실로 사용될 안방, 손님들을 위한 작은방, 마지막으로 할배의 작업실을 둘러본다.

둥이들은 그 어떤 곳보다 할배의 작업실에 관심을 보였다. 할배가 탁구지도자시절과 지역 경기단체 임원으로 활동할 때 받은 각종 트로피와 상패들이 진열장에 가득하다. 둥이 중에서도 특히 빛나는 것을 좋아해서 '반짝이 요정'으로 불리는 딸 둥이는 질문들을 쏟아낸다.

"이 많은 트로피, 전부 할아버지가 받으신 거예요?"

"뭐해서 받으셨어요?"

"너무 멋져요!"

그렇게 이어지던 딸 둥이의 말은 "저 하나 주시면 안돼요?"에서 멈춘다. 반짝이는 금색의 트로피와 상패들이 딸 둥이의 마음을 단번에 사로잡은 것이다. 평소 공주풍의 예쁜 드레스를 좋아한다는 것쯤은 알고 있었다. 트로피와 상패가 어떤 의미를 가지는지 정확히 알고 있는 딸 둥이의 관심 영역이 '명예'로까지 확장된다.

할배는 사실 기계치에 가깝다. 연장을 다루거나 소소하게 손보아야 할 집안일에 전혀 도움이 되지 못한다. 디지털 도어락을 보고 할배는 둥이 아빠에게 비밀번호를 대신 설정해달라고 부탁했다. 할배의 행동을 보고 있던 둥이들이 동시에 나선다. 둥이네 집과 같은 ○○○○*로 하자며 할배부부 설득에 나섰다. 할배집을 출입함에 그 어떤 제한이나 제약도 없이 자기 집처럼 드나들고 싶다는 뜻이다. 새로운 번호를 외우느라 머리를 쓰는 것보다 이미 외우고 있는 번호를 그대로 사용하겠다는 놀라운 발상이다. 출입문 비밀번호는 둥이들 뜻에 따라 ○○○○*로 결정되었다. 둥이네와 마주한 할배집의 입주 행사는 미래에 대한 기대를 증폭시키며 끝났다. 이날을 기점으로 할배집은 둥이네 세컨드 하우스로 등록되었다.

"초대해주셔서 감사합니다. 다음엔 저희 집으로 초대할게요."

"두 분이 꼭 같이 오세요."

초대에 대한 감사를 역초대로 갚는 세심함에 할배는 또 한 번 놀란다.

혹시 저 욕하신 거 아니죠?

오늘 둥이들 하원은 할배 몫이다. 어린이집에 도착하여 출입문 벨을 누른다. 할배도 당당하게 등하원을 시키는 보호자로 등록되어 있다.

"하나, 하진이요."

"네~ 잠시만 기다리세요."

2층 구조의 어린이집에서 둥이들은 형님반이어서 2층 교실을 사용한다. 잠시 후 둥이들이 내려오고 할배에게 달려와 안긴다.

"하원카드 찍고 와야지!"

할배의 말에 등하원 카드 단말기로 가서 목에 걸고 있던 카드로 하원 체크를 하고 할배에게 달려온다. 배웅을 하는 선생님들께 인사를 하고 할배의 자동차를 향해 달려간다. 익숙하게 카시트에 앉아 안전벨트를 매는 것까지 스스로 해결하고 '출발'을 외친다.

"할아버지! 오늘은 마차로 해주세요."

"아냐! 지난번엔 마차했으니까 오늘은 경주용 자동차야."

집으로 돌아가는 둥이들의 교통수단은 마차와 경주용 자동차로 번갈아가며 바뀐다. 마차일 때는 '출발'을 외침과 동시에 '이랴' 말 울음소리를 내준다. 오늘은 경주용 자동차이니 일단 가속 페달을 밟아 엔진 출력부터 높인다. 거친 엔진 굉음과 함께 출발이다.

"할아버지! 하나가 자꾸만 예쁜 척해요."

"하나는 원래 예쁘니까 척하지 않아도 되는데 왜 그랬을까? 혹시 우리 하진이도 잘난 척한 거 아냐?"

할배의 거듬에 신이 난 딸 둥이가 아들 둥이의 잘못과 실수들을 할배에게 고한다. 들어보니 살짝 분쟁의 조짐이 있는 이야기들도 있다. 자칫하면 집에 도착하기 전에 차 안에서 둥이

대전을 보게 될지도 모른다. 이쯤에서 끊어야겠다는 생각과 비난이나 고자질은 바람직한 행동이 아님을 알게 해줄 기회란 생각이 들었다.

"우리 하나는 이르는 것도 정말 잘해. 그렇지?"

잠시 정적이 흐른다. 할배의 말에서 뭔가 싸한 느낌을 받았나 보다.

"혹시 저 욕하신 거 아니죠?"

할배는 속으로 뜨끔함과 놀라움을 동시에 느끼며, 신호 대기 중인 차 안에서 손뼉을 쳤다. 할배의 우회적인 공격에도 밀리지 않고 역공을 해온 것이란 생각이 들었다.

"정말 잘한다고 한 건데?"

"그런데 그 말이 칭찬 같지 않고 기분이 나빠요."

"그렇게 느꼈다면 미안해. 그렇지만 이르는 것이 꼭 좋은 행동만은 아니란 걸 말해주고 싶었어."

아이들에게 하는 말도 정말 조심해야겠단 생각이 든 날이다. 아이들이 무얼 알까 싶지만, 어른들보다 더 정확히 알고 있는지도 모른다.

어여쁜 누나, 정말 미안해

아이들은 거의 매일 다툰다. 둥이들도 그렇다. 다투지 않고 자라준다면야 더 바랄 것이 없겠지만 그건 어디까지나 희망사항일 뿐이다. 할배도 둥이들이 다투는 현장을 자주 목격한다. 크든 작든 다툼이 벌어지면 왜 다투는지를 먼저 알아야 한다. 할배의 입장에서 보는 대부분의 다툼은 다툰다는 것 자체가 이상할 정도의 사소한 다툼들이다. '아니 이런 일로 싸운다고~!'라는 생각이 들 정도의 사소함이다.

다투는 이유를 알았다면 개입 여부를 결정해야 한다. 할배가 끼어들어 시시비비를 가려주는 중재자의 역할을 할 것인지, 그게 아니라면 모든 상황이 어떻게 결론이 나든 둘이 알아서 하도록 보고만 있을 것인지에 대한 결정을 해야 한다.

두 가지 방법 모두 쉬운 일이 아니다. 중재자의 역할이 어려운 이유는, 서로를 다툼의 원인 제공자라며 잘못을 떠넘길 때의 상황 때문이다. 이런 경우에는 어느 한쪽도 잘못을 인정하지 않고 팽팽하게 맞선다. 다툼의 원인 제공자도 모르면서 중재를 한다는 것은 자칫 어느 한쪽에게 상처를 줄 여지가 생길 수도 있어 조심해야 한다.

죽이 되든 밥이 되든 너희가 벌인 일이니 알아서 하라는 것도 무척 조심스럽다. 말로 이어가던 다툼이 자칫 몸싸움으로 확전될 수 있기 때문이다. 둥이들이 벌이는 대부분의 몸싸움에서 승자는 거의 아들 둥이다. 딸 둥이는 힘의 열세를 극복하고 싸움에서 이기기가 쉽지 않다. 물고, 꼬집고, 할퀴는 방법도 있겠으나 아들 둥이는 그마저도 힘을 이용하여 사전에 봉쇄하기 일쑤다.

둥이 엄마는 힘을 동원한 물리적인 다툼에 대하여 절대로 잘잘못을 따지지 않고 아들 둥이의 잘못으로 결론짓는다. 힘이 약한 여자에게 힘을 사용했으니 그에 상응하는 벌도 달게 받도록 한다. '손 들고 만세 5분'이 그것이다. 그러나 잘못을 인정하고 상대에게 진심으로 사과를 할 경우엔 만세 2분 또는 1분으로 벌의 양을 감해주기도 한다. 이 벌칙에 대한 조항은 사과를 받는 쪽이 사과를 받아들였을 때에만 적용된다. 사과를 하였음에도 불구하고 '그 사과 안 받아!'라고 한다면 헛 사과가 되어버리고 만다. 사과자의 진실성 여부를 엄격하게 적용하여 벌의 감경 여부를 결정하는 것이다.

이쯤에서 아들 둥이가 딸 둥이에게 하는 사과 유형을 살펴보기로 한다, 할배가 직접 목격한 내용들이다.
"미안!"
아주 간단하다. 이 한마디로 잘못에 대한 용서를 구할 수 있다면 백 번, 천 번이라도 할 수 있을 것 같다. 이런 식의 사과에 대해 딸 둥이는 아주 단호하다.
"사과 못 받아!"
다음 단계는 한층 업그레이드된 것 같지만 진실성을 느끼기엔 턱없이 부족해 보인다.
"하나야 미안!"
이전의 사과에서 이름만 추가되었을 뿐이다. 이런 사과에 대해서도 딸 둥이는 역시 단호하게 대응한다.

"사과 못 받는다고!"

아들 둥이는 만세를 하고 있는 팔이 점점 아프고 힘들다. 힘든 만큼 상황을 빨리 종결시키고 싶은 마음이 한층 커졌다.

"하나야 미안해!"

앞전의 사과에 비해 '해'자가 하나 더 붙었다. 딸 둥이는 점점 업그레이드 되어가는 아들 둥이의 사과가 짜증스럽다는 반응을 보이며 한층 더 단호해진다.

"절대로 용서 못 해!"

할배가 보기에도 사과를 하기 보다는 딸 둥이를 놀리면서 즐기는 것이 아닐까 하는 의심이 들기 시작한다. 딱 글자 한두 자씩 늘려가며 진행되는 사과의 현장을 보는 재미가 제법 쏠쏠하다. 아들 둥이가 작심한 듯 회심의 카드를 꺼내 든다.

"하나야 정말 미안해!"

이제야 진실성이 첨부된 사과의 첫 번째 퍼즐이 맞춰진다. 많이 늦었다. 처음에 하는 사과를 이렇게 했어야 했다. '정말'이 추가된 아들 둥이의 사과에 딸 둥이가 잠시 흔들리는 모습을 보인다. 그렇지만 반응은 여전히 냉담하다.

"어여쁜 누나 미안해! 라고 하면 용서해 줄 수 있어."

딸 둥이의 초강수에 아들 둥이는 난감해 한다. 다 해도 그것만은 못하겠다는 표정이다. 평소에도 누나라는 호칭 사용을 극도로 싫어해서 하지 않는데 '어여쁜'이라는 형용사를 덧붙여 사용하라니 미칠 노릇이다. 세상에 5분 늦게 온 죄치고는 너무 가혹하단 생각도 든다. 그러나 무엇보다 팔이 아프다. 둥이 엄마가 제대로 벌을 받고 있는지 지켜보고 있다. 굴욕적이긴 해도 이 힘든 상황을 끝내는 방법은 딸 둥이의 요구를 들어주는 것뿐이다. 잔뜩 굳은 얼굴로 딸 둥이를 본다. 결심이 선 듯하다.

"어여쁜 누나, 정말 미안해!"

딸 둥이의 얼굴이 환하게 밝아진다.

"알았어. 용서할게!"

곧바로 둥이 엄마의 벌 정지 명령이 떨어진다.

"용서 받았으니 손 내려도 좋아."

할배는 이런 방식의 교육을 좋아한다. 아이들에게서 폭력적인 성향이 자라지 못하도록 함은 물론 잘못에 대한 인정과 사과를 하도록 하는 것도 매우 중요하다. 만세 5분의 체벌이 등장하긴 했지만, 용서를 받으면 감해준다는 조정의 성격도 있어서 지켜보는 내내 행복감이 느껴졌다.

할아버지 배고파요

오후 서너 시쯤 할배에게 둥이 엄마의 톡이 날아들었다. 하원을 책임진 둥이 아빠가 갑자기 업무상 일이 생겨 할배에게 둥이들 하원 도움을 요청한 것이다. 그런 날이 가끔 있다. 할배는 아이들 때문에 총총거릴 둥이 엄마의 마음이 보인다. 할배는 얼른 그러마고 답을 보냈다.

   할배는 둥이 하원 후의 돌봄을 위한 점검을 한다. 점검이란 특별한 일이 아니다. 한참 성장기의 아이들이다 보니 하원과 동시에 먹을 것을 찾는다. 배고파하는 아이들의 표정을 보는 것은 유쾌한 일이 아니다. 오늘은 할머니가 부재중이니 할배의 능력 범위 내에서 줄 수 있는 가장 좋은 것들을 주어야 한다. 냉장과 냉동실, 과자가 있는 수납장까지 점검이 신속하게 이루어졌다. 충분히 먹이고도 남을 만큼의 먹을거리가 준비되어 있음을 확인한다.

할배 요리에는 둥이들이 좋아하는 최애 메뉴들이 있다. 치즈라면, 잼 샌드위치, 짜파게티, 할배버거가 대표적이다. 둥이들은 이중 어떤 메뉴라도 엄지척을 날려준다. 라면은 과다한 염분 섭취를 우려해 스프를 1/4만 사용하고, 물의 양은 라면이 겨우 잠길 정도면 충분하다. 물이 끓기 시작하면 라면을 넣고 체다치즈나 어린이치즈 한 장을 위에 얹어준다. 조리된 치즈라면 한 개를 정확히 반씩 나누어 배식하면 끝이다. 치즈는 국물에 녹아내려 마치 파스타의 소스 같은 역할을 한다.

할배버거도 인기 메뉴다. 동네 정육점에서 소고기를 분쇄육으로 구입하여 밑간을 한 다음 패티를 직접 만들어 냉동 보관한다. 햄버거 빵이 아닌 제과점용 모닝빵을 구입해 역시 냉동 보관한다. 냉동된 모닝빵은 패티를 넣기 위한 칼집을 내고 놔두면 패티가 익어가는 동안 완벽하게 해동된다. 잘 익은 패티를 빵 사이에 넣고 치즈 한 장을 얹어서 우유와 함께 배식하면

끝이다. 맛도 좋고 무엇보다 둥이들이 싫어하는 야채가 들어가지 않아 더 좋아한다. 할배버거는 어른이들도 좋아한다. 소스가 흐르지 않고 양도 적당해서 좋단다. 맛도 깔끔 담백하다. 둥이들은 맛있게 먹고 나면 감사 인사도 잊지 않는다. 맛 평가를 요구하는 할배에게 쌍따봉으로 답을 하여 할배를 공중에 둥둥 띄워버린다.

할배에겐 간식에 대한 원칙이 있다. 간식으로 과자 하나를 주더라도 반드시 예쁜 그릇에 담아서 낸다. 비닐이나 종이 포장지에 담긴 내용물이 예쁜 그릇에 담기면 고급과자로 변신한다. 이는 먹는 이가 존중받고 있음을 느끼게 하기 위함이다. 예쁜 그릇에 대한 둥이들의 관심은 상상 이상이다. 그릇의 색감과 질감은 물론이요, 그려진 문양이나 그림에도 관심을 보인다. 남기지 않을 만큼만 주고, 식량 부족을 겪고 있는 나라의 어린이들 이야기를 들려주어 먹을 것이 있음에 대해 감사하는 마음을 갖도록 해준다.

둥이들만의 원칙도 존재한다. 하루에 한 번 또는 두 번만 '달콤'이가 허용된다. 여기서 말하는 달콤이란 당류가 많이 함유된 과자나 음료를 말한다. 둥이들은 엄마가 만들어 놓은 규칙을 철저하게 지키고 있다. 과자를 먹었다면 후식으로 먹는 과일까지만 허용되는 것이다. 할배가 주는 것은 괜찮다며 권해도 둥이들은 단호하게 거절한다. 약속을 어기는 행위이고, 양심을 속이는 거짓은 절대로 안 된다며 거절 이유를 설명한다. 둥이들의 절제에는 그만한 이유가 있다. 음식 섭취를 통해 몸의 성장에 필요한 영양소를 얻지만, 과다 섭취는 비만이나 어린이당뇨 등의 병을 유발하는 원인이 된다는 둥이 엄마의 음식과 질병에 관한 사전 교육이 있었단다. 그렇더라도 간식에 대한 유혹을 뿌리치기 쉽지 않을 텐데 참으로 대단한 아이들이다. 무엇보다 규칙은 반드시 지켜져야 한다는 말에 할배가 감동하지 않을 재간이 없다. 절제와 규칙 준수를 모두 해내는 둥이들이 정말 대견스럽다.

하원 이후 할배가 행한 돌봄은 퇴근과 함께 할배집을 찾은 둥이 엄마에게 있는 그대로 전달된다.
"둥이들이 잘한 것과 못한 것, 무엇부터 말할까?"
둥이들이 긴장하는 순간이다. '제발 좋은 이야기만 해주세요.' 둥이들은 표정으로 할배에게 말한다. 무엇을 먹었으며, 무엇을 하며 놀았는지도 알려준다. 특히 칭찬받을 만한 행동이나 훈육이 필요한 부분에 대해서도 있는 그대로를 이야기해준다. 칭찬도 훈육도 할배가 있는 자리에서 이루어진다.

"할아버지가 안 된다고 하신 걸 계속 요구한 건 너희들이 잘못한 거야. 어서 '할아버지 죄송합니다' 하고 사과드려!"

같은 실수를 반복하지 않고 바르게 성장해주기를 바라는 할배 가족의 둥이 사랑법이다.

…! …!

둥이네 집 저녁 식사에 초대받았다. 출입문 비밀번호를 공유하고 있긴 하지만 예의상 벨 누르기가 우선이다. 둥이들도 할배 집을 찾을 때 똑같이 하는 행동이다. 할배 부부의 방문을 기다리고 있던 딸 둥이가 달려와 반갑게 맞아준다. 아들 둥이는 레고 조립에 빠져 있어 할배가 인사를 건네도 건성으로 받는다.

"하진아! 예의 없이…!"

아빠가 놀이에 정신이 없는 아들 둥이를 나무란다.

"아냐. 잘 놀고 있으면 됐어."

딸 둥이는 할배를 공부방으로 데리고 간다. 보여줄 것이 있거나 자랑할 만한 것이 있을 때 하는 행동이다. 새로 생긴 장난감을 꺼내 보여준다. 구슬로 장식된 예쁜 머리띠다.

"우와! 이렇게 예쁜 걸 누가 사줬어?"

"백화점 갔을 때 엄마가 사줬어요."

"'엄마, 고맙습니다!' 했어? 안 했어?"

딸 둥이가 할머니와 함께 식사 준비 중인 엄마를 향해 달려간다.

"엄마, 고맙습니다!"

딸 둥이의 선물 자랑을 보고만 있을 아들 둥이가 아니다. 공부방으로 들어오더니 로봇으로 변신하는 자동차를 찾아 할배 코앞에 들이댄다.

"이야! 하진이는 변신 로봇 자동차야?"

"그런데 로봇 자동차가 많이 있던데 또 산 거야?"

중복 구매를 지적하는 할배의 말에 가지고 있던 다른 장난감과 다른 점들을 열심히 설명한다. 둥이들은 장난감을 사줄 때도 지켜야 하는 룰이 있다. 반드시 정해진 가격 내에서 한 개씩만 골라야 한다. 딸 둥이는 처음에 눈에 들어온 것을 선택하는데 비해 아들 둥이는 무척 신중하다. 비슷한 것들 중에서 현재 소유 중인 장난감과 겹치는지의 여부와, 겹치더라도 지금까지 보지 못했던 특별함이 있어야 한다. 놀랍게도 여러 대의 자동차를 꺼내 놓고도 각기 다른 특징들을 설명하는 아이다. 둥이들이 새로 장만한 장난감과 머리띠 자랑에 열을 올리는 사이 식사 준비가 다 되었단다.

식탁으로 모여 저녁 식사를 즐기는 시간이다. 할배가 좋아하는 회와 해산물을 곁들인 푸짐한 저녁상이다. 둥이들이 좋아하는 송어버터구이도 있다. 식사 중에 딸 둥이가 할배에게 다가오더니 귓속말을 한다.

"…! …!"

분명히 무어라 소곤거렸는데 할배는 안타깝게도 한 단어도 듣지 못했다. 잘 못 들었다며 다시 말해달라는 할배의 요청에 딸 둥이의 속삭임이 다시 귀를 간지럽게 한다.

"…! …!"

이번에도 마찬가지다. 할배의 청력이 예전 같지 않다. 다시 말해달라고 하기도 애매하다.

"정말이야?"

아무것도 듣지 못했지만 들은 척하는 것으로 슬쩍 넘어갈 생각이다. 딸 둥이는 할배의 리액션에 환하게 웃어 보이며 고개를 끄덕인다. 할배가 듣지 못했음을 전혀 알아채지 못한 것 같아 다행이다. 딸 둥이가 할배에게 한 귓속말의 내용이 무척 궁금했지만 즐거웠던 저녁 식사다. 집으로 돌아오는 길에 아내가 묻는다.

"하나가 귓속말로 뭐라고 하던가요?"

"몰라요! 아무것도 못 들었어요."

"뭐 대단한 비밀이라고 나한테도 말을 안 해줘요."

아내가 볼멘소리를 한다.

"정말 아무것도 안 들렸고 못 들었어요! 할배 귀가 단단히 고장이 났나 봐요!"

할배의 정색에 아내가 고개를 끄덕인다.

"아마도 할아버질 제일 사랑한다고 했겠지요."

그랬으면 다행인데 정말 궁금하긴 했다. 다음날도 아니 지금까지도 무어라 말했는지 묻지 못한다. 행여 할배의 귀가 잘 들리지 않는 고장난 귀임을 슬퍼할 거란 생각에서다.

스무디 맛집

둥이 아빠에게서 전화가 걸려왔다. 아이들이 하원 후에 할배 집으로 가겠다고 했단다. 둥이들이 원하면 데려오라 하고 전화를 끊었다. 짐작되는 일이 있다. 더위와 함께 할배가 내놓은 신메뉴인 과일 스무디와 초코 스무디가 원인인 듯하다.

잠시 후 둥이들이 씩씩한 모습으로 할배 집에 들어선다. 누가 먼저랄 것도 없이 가방을 던져놓기 무섭게 할배에게 안기며 외친다.

"할아버지 스무디 해주세요!"

할배의 예상이 적중했다.

"과일 스무디로 해줄까? 초코 스무디로 해줄까?"

"초코 스무디요."

며칠 전, 아이스크림이 먹고 싶다고 하기에 블루베리 스무디를 해주었더니 그 후로 스무디를 찾는다는 이야길 둥이 아빠에게 해주니 어이없어 하며 웃는다.

"아버님 힘드실 텐데."

"아냐, 괜찮아! 둥이들이 맛집이라고 인정해줘서 오히려 기분이 좋아!"

둥이들 좋아하는 거 해먹이고 할배 집에서 놀다가 저녁 먹여 보낼 테니 걱정 말라며 둥이 아빠를 돌려보냈다.

"할아버지가 만들어준 스무디가 그렇게 맛있었어?"

"네! 최고예요."

"아이스크림이 더 맛있잖아?"

"아니에요. 스무디가 훨씬 더 맛있어요."

블렌더에 적당량의 우유를 넣고, 초콜릿분말 세 스푼, 요거트 파우더 세 스푼, 얼음 1과 1/2컵을 넣고 뚜껑을 닫은 후 전원을 작동시킨다.

"할아버지가 만드시는 거 보면 엄청 간단해 보이는데 어쩜 그렇게 맛있는 스무디가 되는 거죠?"

"맛있는 음식이 되려면 많은 실험 과정이 필요해. 어떤 재료를 어떤 비율로 맞추느냐에 따라 맛이 달라지기 때문에 많은 실험을 거쳐야 하지. 그렇게 해서 사람들이 좋아할 만한 맛을 찾아내고, 배합 비율을 기록으로 정리한 것을 레시피라고 해."

"배합 비율이 뭐예요?"

"할아버지가 사용하는 스푼을 계량스푼이라고 해. 계량스푼을 사용해서 한 스푼을 넣을지, 두 스푼 반을 넣을지 정하는 거야. 재료마다 넣어야 하는 양이 다르지만 레시피에 있는 비율대로 하면 누구나 맛있는 요리를 만들 수 있어."

"그럼 다음엔 저도 한번 해볼래요."

"그래! 할아버지도 우리 하나가 만들어준 스무디 맛이 궁금해지는데!"

호기심 많은 딸 둥이의 질문에 답변을 해주다 보니 어느새 블렌더가 멈추었다. 초코 스무디의 색감을 볼 수 있는 투명컵에 담아 나눠준다. 거의 같은 양으로 나누었는데도 습관처럼 서로의 그릇을 탐색한다.

"왜 하진이 게 더 많죠?"

딸 둥이의 말에 아들 둥이는 만족한 듯 씨익 웃어 보이더니 두 스푼을 떠서 딸 둥이의 그릇으로 옮겨준다.

"맛있니?"

할배에게 둥이들이 엄지척을 아끼지 않는다.

음식의 맛을 결정하는 것은 결국 배합 비율이다. 사람과 사람 사이의 관계도 이런 비율이 있었으면 좋겠다. 아니 어쩌면 오래전부터 좋은 관계 유지를 위한 레시피가 존재했는지도 모른다. 특히 가족관계를 위한 훌륭한 레시피는 만들어보려고 노력이라도 해야 한다. 할배도 가장 이상적인 관계의 배합 비율을 찾고 있다. 행복해지기 위해서.

내 빵
어디 있어요?

둥이들이 크려는지 먹고 돌아서면 배고프다 말한다. 이런 긴급 상황에 대비해 둥이들 집이나, 할배 집에는 둥이들을 위한 간식거리가 항시 대기 중이다. 어린이집 하원 후에 할배집을 찾은 둥이들이 행여 배고플까 염려되어 최애 메뉴인 치즈라면을 끓여서 공복 상태를 최소화시켜주었다. 치즈라면 한 그릇씩을 게 눈 감추듯 해치우고 정확히 10분도 지나지 않은 시간에 다시 먹을 것을 찾는다.

"할아버지, 배고파요."

아들 둥이의 말에 할배는 딸 둥이의 반응도 함께 살핀다. 같은 음식을 동시에 먹었어도 먹을 것을 다시 요구하는 쪽은 거의 아들 둥이다.

"저도 배고파요."

할배는 더 이상 망설일 이유가 없다. 여섯 일곱 살 무렵은 놀이나 운동을 통한 활동량이 급격하게 늘어나는 시기이다. 이미 큰 손주 쭈니를 통한 경험으로 잘 알고 있는 내용이다. 할배가 다시 준비하는 간식은 빵이다. 모닝 빵을 반으로 갈라 잼을 넣어주면 되는 간편식이다. 잼빵을 두 개 만들어서 접시에 담고 우유를 꺼내서 식탁에 놓아주었다. 둥이들이 손을 닦고 와서 나란히 식탁에 앉는다. 딸 둥이가 우유팩에서 무언가를 살피며 확인하고 있다.

"할아버지! 이거 유효기간 안 지났죠?"

"당연히 안 지났지! 할아버지가 날짜 확인하고 사온 건데!"

딸 둥이가 할배를 향해 최고의 칭찬인 엄지척을 해 보인다. 할배는 컵에 우유를 따라준다. 양이 많고 적음에 대한 시비와 컴플레인을 사전에 차단하기 위함이다. 둥이들에게 먹을 것을 줄 때 반드시 지켜야 하는 규칙이기도 하다. 크기나 개수, 양이 다르면 절대 안 된다. 아들 둥이는 먹는 것이라면 일단 입에 넣고 본다. 딸 둥이는 다르다. 먹을 것의 냄새와 맛은 물론 모양과 식감도 체크한다. 이중 무엇 하나라도 거부감이 느껴지면 절대로 먹지 않는다. 그런데 이상하게도 식습관의 까다로움과 체격은 정비례하지 않음을 할배는 늘 보고 있다.

　잼빵을 먼저 먹은 아들 둥이가 하고 있던 놀이를 위해 일어서자 딸 둥이도 따라 일어선다. 딸 둥이는 빵을 반쯤 남겼다. 치즈라면을 먹은 지 얼마 되지 않아서 그러려니 했다. 아들 둥이가 컵에 남았던 우유를 마시기 위해 왔다가 딸 둥이가 남긴 빵을 한입에 털어 넣는다. 남긴 것을 먹어치웠으니 잘했다는 생각이 들었다. 아들 둥이가 다시 놀던 곳으로 돌아가고 이번에는 딸 둥이가 식탁으로 다가오더니 표정이 변하기 시작한다.
　"내 빵 어디 있어요?"
　"하나가 다 먹은 줄 알고 하진이가 먹었는데."
　"다 먹은 거 아닌데…."
　"하진아! 하나가 남긴 빵, 다 먹은 거 아니라는데!"
　아들 둥이는 할배가 뭐라 하든 듣지 않고 놀이에만 정신이 팔려 있다. 못 들은 게 아니라 듣지 않는 것임을 할배는 직감한다. 아들 둥이는 필요에 따라 듣고 안 듣고를 조절하는 특별한 능력이 있다. 할배가 알아서 뒷수습을 해보란 뜻이다. 경계경보 수준이었던 딸 둥이의 표정이 주의보로 바뀌면서 예쁜 눈에 눈물이 그렁그렁해졌다.

"울지 마! 할아버지가 금방 다시 만들면 되니까!"

할배는 졸지에 또 한 개의 잼빵 제조에 들어간다. 뒷수습을 하라는 아들 둥이의 뜻이기도 하지만 들은 체도 안 한 것이 꽤 씸하단 생각이 든다.

"이번에는 아까보다 잼을 훨씬 더 많이 넣고 더 맛있게 해줄게."

주방 쪽을 향해 촉각을 곤두세우고 있던 아들 둥이가 벌떡 일어나 할배에게 온다.

"왜 하나만 잼을 많이 넣어주는 거예요?"

적반하장이 이럴 때 쓰이는 말인 줄 할배는 몰랐다. 문제를 만든 장본인인 아들 둥이가 공정에 대한 시비를 걸어온다. 큰 소리로 말할 때는 듣지도 않더니 작게 속삭이듯 말한 것을 듣고 달려온 것이다. 필요한 것만 골라 듣는다는 둥이 엄마의 조언이 실감난다.

"그리고 내가 반만 먹었으니까 하나도 반만 주세요!"

반만 먹었으니 그만큼만 딸 둥이에게 주라는 것이다. 그럼 나머지 반은? 아들 둥이의 기가 막힌 계산법에 할배가 반박을 한다.

"네 거 한 개 다 먹고, 하나 거 반 개도 마저 먹었으니 한 개 반이잖아! 하나는 아까 반만 먹었으니까 지금 한 개를 먹어야 똑같은 거잖아!"

아들 둥이가 계산을 해보는지 잠시 생각에 잠긴다.

"그래도 잼을 더 많이 주는 건 안돼요!"

대답이 궁색해진 아들 둥이는 끝까지 잼의 양을 문제 삼는다.

"할아버지가 실수로 많이 뜬 것 뿐인데!"

"왜 하나한테만 실수를 하냐고요?"

"그건 네가 하나 빵을 먹었으니까 그렇지!"

노는 것 못지않게 먹는 것에도 진심인 게 아이들이다. 하진이가 쏘아 올린 잼빵 반 개가 가족들의 저녁 식탁에 사이드 메뉴처럼 올라왔다. 덕분에 떠들썩하게 웃는 즐거운 저녁 식사를 했다.

왜 저번이랑 달라요?

둥이들이 이미 몇 번쯤은 읽어주어 내용을 달달 외울 정도인 동화책을 손에 들고 할배를 찾는다. 있는 그대로를 읽어준 처음과는 달리 할배만의 방식으로 내용을 수정하고 편집하여 읽어준다. 원작자가 알면 크게 화나고 어이없는 일일 수도 있겠지만 할배도 둥이들도 즐거운 시간이다. 등장인물을 둥이들로 교체하기도 하고, 내용의 본질에서 크게 벗어나지 않는 범위에서 할배의 상상력이 총동원된다.

"할아버지! 그런데 왜 저번이랑 내용이 달라요?"

딸 둥이의 태클이 들어온다.

"어제와 오늘의 날씨가 다른 것처럼, 할아버지 기분도 그때그때 달라지거든. 너희들도 어제와 오늘이 다르잖아. 어제보다 더 예쁘게 보이고 어제보다 훨씬 멋져 보이는데!"

"할아버지, 뻥쟁이 아니죠?"

"그럼! 할아버지가 농담은 잘해도 거짓말은 못한다."

언젠가는 할배가 쓴 창작동화를 직접 읽어주는 유쾌한 상상을 해본다. 정말 좋아할 것 같은데...!

같이 놀아요!

둥이 육아는 둘이기 때문에 그 어려움이 일반적인 육아의 개념을 훨씬 뛰어넘는다는 말을 자주 듣는다. 아이 하나도 힘든데 '둘은 정말!'이라며 손사래를 친다. 부인하고 싶지는 않다. 하지만 정말 어렵기만 할까? 돌봄의 모든 행위에 두 번 세 번 손이 가고, 하나가 아프면 나머지도 아프다는 단점이 있는 반면 그만큼 장점도 분명히 존재한다. 할배는 일상에서 만나는 둥이 가족들에게 둥이어서 좋고 나쁨을 자주 묻는다. 둥이 손주를 둔 할배의 주 관심사이기 때문이다. 장점으로 부모나 아이들 모두 언제든 함께 놀아줄 대상이 존재한다는 점을 첫 번째로 꼽았다.

 아이들은 언제나 노는 것에 대해서만큼은 진심이다. 아이는 놀이를 통해 즐거움을 얻고 놀이를 통해 성장한다. 혼자든 여럿이든 상관없지만, 그래도 혼자보다는 대상이 있을 때 즐거움의 크기가 배 이상 커진다. 함께 놀아주는 상대보다 잘해야겠다는 경쟁심도 생기고, 반대로 서로의 부족함을 이해하고 도와주려는 이타심도 생긴다. 돌보는 입장에서도 잘 놀고 있는 아이들을 보면 심리적 안정감이 생기고, 다른 일을 할 수 있는 여유도 생긴다.

 자, 여기까지는 어디까지나 성향이 같거나 비슷한 경우의 좋은 예일 뿐이다. 할배의 둥이 손주들은 놀이 성향이 달라도 너무 다르다. 성별이 달라서 더 그럴 수도 있다. 아들 둥이는 어려서부터 지금까지 일편단심 자동차다. 자동차에 대한 관심이 절대적인 만큼 놀이도 자동차가 절대적이다. 딸 둥이는 역할놀이를 좋아한다. 선생님, 의사, 간호사, 심지어 식당의 주인이거나 서빙 알바가 되기도 한다.
 둥이들은 할배가 함께 놀아주기를 원한다. 할배의 몸은 하나라서 둘 모두의 욕구를 충족시킬 수가 없다. 양쪽을 오가며 균형을 맞춰 놀아주든가 그렇지 않으면 각기 자신의 취향에 맞는 놀이를 할 수 있도록 환경을 조성해주어야 한다. 할배의 생각이 여기까지면 다음 상황들은 저절로 따라온다.

스케치북을 하나씩 나눠주고 그림 그리기를 시킨다. 아들 둥이에겐 자동차 경기장을 그려보라 하고, 딸 둥이에겐 좋아하는 식당을 그려보라고 한다. 할배가 제시하는 그림 주제에는 여러 가지 상황 설정들이 들어가 있어 난이도가 꽤 높다. 할배의 꼼수가 작용했기 때문이다. 난이도가 높아야 제법 긴 시간을 집중하게 만든다. 둥이들은 구상부터 난감해 한다. 매일 그림을 그리는 할배도 이런 주제가 주어졌다면 그리기가 쉽지 않은 정도다. 자동차 경기장은 트랙을 반복해서 도는 트랙경기장과 모래사막이나 물웅덩이 같은 장애물을 넘고 피하며 달리는 오프로드가 있음을 설명해준다. 식당의 경우엔 홀 내부에 손님들이 있고, 어느 테이블에서는 서빙하는 직원에게 음식 주문을 내고 있으며, 맛있게 먹고 있는 손님들의 모습도 있을 거란 이야기를 해준다. 할배가 해준 이야기를 다 그리기는 너무 어려우니 머릿속에 그려지는 장면들 중 한 부분을 그려보라는 조언을 해주는 것까지가 할배의 몫이다. 생각을 정리

하고 그려내는 것은 어디까지나 둥이들 몫이다. 좋아하는 자동차와 식당 종사자들의 역할이 주제이니 집중도가 대단히 높다. 할배는 간간히 물어오는 질문에 답변을 해주면 된다.

이날 둥이들은 무려 한 시간 이상 그림 그리기에 집중했다. 다 그렸다며 보여주는 그림에서 더 채워야 할 것들을 이야기해주면 바로 수정을 했고, 색칠하기로 마무리 지었다. 문제없이 잘 놀아준 하루다. 좋아하는 주제로 놀이를 설정해주니 다툼 없이 잘 논다는 사실을 확인한 날이다. 어떤 날은 그림을 그려보라며 스케치북을 주면 채 5분이 지나지 않아 집어던진다. 주제가 주어지지 않았기 때문이다. 막연하게 무엇이든 그려야 한다는 사실이 부담스럽고 재미없었을지 모른다.

어김없이 둥이들 특유의 경쟁심이 발동한다. 누가 더 잘 그렸는지에 대한 평가를 요구한다. 잘하고 못하고를 구분하는 행위는 같은 놀이가 반복될 때 장애 요인이 된다. 그래서 할배는 각기 장점만을 부각시키는 심사평으로 오늘의 놀이를 마무리 짓는다.

딱 한 번만요~
네?

둥이들이 공통적으로 좋아하는 것이 있다. 미디어다. 방송에서 제공하는 만화 영화나 각종 어린이 프로그램을 보고 싶어 한다. 종류도 정말 다양하다. 둥이 엄마와 아빠는 미디어 시청을 제한적으로 허용한다. 아예 보지 못하게 하는 것이 아니라 약속된 날에 약속된 시간만큼만 시청을 허용한다.

"할아버지! 아이들나라!"
딸 둥이가 애교를 부리며 할배에게 어린이 프로그램 시청을 요구한다. 할배가 난처해지는 상황이다.

"안돼!"

할배의 단호함에 딸 둥이의 애교 수위가 높아지고 할배는 흔들리기 시작한다.

"딱 한 번만요~ 네?"

손가락 한 개를 펴 보이며 딸 둥이의 애교 필살기가 시전된다. 얼마나 보고 싶으면 이럴까 싶은 생각에 마음이 약해져서 결국 TV리모컨을 집어 든다.

"그럼 약속대로 딱 한 개만 보는 거다."

약속된 시청이 끝나면 이번엔 아들 둥이가 나선다. 딸 둥이가 원하는 것을 보았으니 자신이 원하는 걸 하나 더 시청해야 형평에 어긋나지 않는다는 주장을 한다. 약속된 하나의 프로그램을 보지 않았느냐는 할배의 반박은 자칫하면 편애가 될 소지가 다분하다. 둘이어서 가능한 신박한 논리다. 할배는 결국 아들 둥이의 억지 지분과 형평성 논리에 밀려버린다. 아들 둥이는 평소에 매우 조용한 편이다. 할배 말에도 곧잘 순종하는 세상 순둥이인데 자신의 몫을 챙겨야 하는 부분에선 전혀 다른 아이가 된다. 할배에게서 취해야 할 것들은 대부분 딸 둥이가 앞장서서 얻어내기 때문인가 보다. 아들 둥이는 가만히 있어도 일용할 양식과, 간식, 달콤이, 미디어 시청, 산책을 챙길 수 있으니 말이다.

  그냥 당하기만 할 할배가 아니다. 다음에 반복될 상황에 대한 대비책을 세운다. 미디어 시청 시 프로그램 선택권은 할배가 갖고, 횟수도 1회로 제한키로 한다. 할배의 요구가 받아들여지지 않으면 시청을 제한하겠다는 단서를 붙여본다. 알량한 할배의 지위로 아들 둥이의 억지 논리에 맞설 독재를 꿈꾼다.

아끼는 물건이
사라졌어요

딸 둥이가 아끼던 물건이 없어졌다며 울상이다. 집 안 전체를 이 잡듯 뒤져도 보이지 않는다. 할배 부부도 찾는 일을 거들지만 찾을 수가 없다. 혹시나 싶어 아들 둥이에게 부탁을 한다.

"하진아! 너도 찾는 것 좀 도와줘."

"네!"

씩씩한 대답과 함께 아들 둥이까지 나서서 딸 둥이가 아끼는 물건을 찾아본다. 아들 둥이는 공부방을 몇 번 드나드는가 싶더니 손에 무언가를 들고 나온다.

"찾았어요!"

딸 둥이는 찾아 헤매던 아끼는 물건을 받아들고 좋아서 어쩔 줄 몰라 한다. 역시 아들 둥이가 최고라며 할배 부부의 칭찬이 쏟아진다. 그런데 무언가 찜찜한 구석이 있다. 일주일 사이 같은 일이 몇 번 더 반복되고 그럴 때마다 해결사는 아들 둥이다. 합리적 의심이 시작되는 시점이다. 할배도 연년생 자매를 키우며 즐겨했던 일들이 생각난 것이다.

심증은 있지만 물증이 없는 상태에서 섣불리 "네가 감췄지?"라고 물을 수는 없다. 자칫 상처가 될 수 있기 때문이다. 할배는 심증을 굳히기 위한 행동에 들어갔다. 아들 둥이가 자주 사용하는 물건들의 흔적을 하나씩 지워나갔다. 아들 둥이는 좋아하는 장난감이 없어졌다며 찾아 나선다. 찾다 지치면 울먹거리고 그때마다 할배가 해결사로 등장한다. 같은 일이 몇 번 반복되자 물건만 사라지면 할배에게 먼저 달려온다.

"빨리 주세요. 할아버지가 숨긴 거 다 알아요!"
"왜 할아버지가 숨겼다고 생각하지?"
"다른 사람은 못 찾는데 할아버지만 찾아내잖아요!"
이젠 자백을 받아낼 시간이다.
"그럼 하나 물건 없어질 때마다 하진이가 숨긴 거야? 없어진 하나 물건도 하진이가 다 찾아오던데!"

"다는 아니고 몇 개만요. 빨리 주세요!"

어렵지 않게 숨긴 사실을 스스로 인정하게 만들었다. 할배도 숨겼던 물건을 꺼내준다.

"할아버지가 장난이 심했지? 미안해! 하진이도 좋아하던 물건이 자꾸 없어지니까 속상하지?"

할배는 하진이를 지그시 바라보며 덧붙였다.

"하나도 얼마나 속상했겠니? 이제 이런 시시한 장난은 그만하자."

사실 시시한 장난이 아니다. 해보면 안다. 잃어버린 것을 찾는 사람을 보는 일이 얼마나 즐거운지를. 한두 번 하다 보면 은근히 중독성도 생기고 희열도 느껴진다. 하지만 절대로 해서는 안 되는 행동이다. 남의 불행이 곧 내 행복이 된다는 잘못된 가치관이 형성될 수 있으니 말이다.

아닐 때도 있잖아요!

거실 바닥이 둥이들이 늘어놓은 장난감으로 난장판이다.

"얘들아! 정리 좀 하면서 놀자."

저녁 식사를 준비하던 할머니가 어수선한 거실을 보다 못해 한마디 한다. 딸 둥이가 할머니와 어질러진 거실을 한번 쓱 훑어보더니 반응을 보인다. 인형, 스케치북, 색연필을 비롯한 장난감들이 딸 둥이의 손에 의해 하나씩 제자리를 찾아간다. 그러거나 말거나 아들 둥이는 꿈쩍도 않고, 최근에 득템한 신상 장난감인 뽑기 놀이에만 정신이 팔려있다. 깔끔하게 정리를 마친 딸 둥이가 할머니에게 쪼르르 달려가 정리 보고를 한다.

"할머니! 제가 혼자서 정리 다했어요."

딸 둥이는 정리의 공이 고스란히 자신의 몫임을 강조한다.

"어린이집에서 정리왕 상을 받았다고 하더니 사실이구나! 할머니가 상으로 맛있는 젤리 하나 줘야겠다."

아들 둥이는 놀이를 하는 척하고 있지만 모든 주파수가 할머니와 딸 둥이에게 맞춰져 있다.

'정리왕 상을 받았다는 칭찬도 못마땅한데 젤리까지!'

곁눈질로 할머니와 딸 둥이를 살피는 행동을 멈추지 않는다. 딸 둥이는 할머니에게 상으로 받은 젤리를 까서 입안에 넣는다.

"할머니! 젤리가 엄청 달콤하고 맛있어요!"

젤리에 대한 딸 둥이의 과장스러운 반응에 할머니가 웃음으로 답한다. 곁눈질로 살피던 아들 둥이의 눈에 힘이 빡 들어간다. 터지기 일보 직전이다.

소파에 앉아 이 모든 상황들을 지켜만 보던 할배의 개입 시점이다. 더 이상의 방임은 사태를 걷잡을 수 없게 만들지도 모른다. 관찰자였던 할배의 역할을 중재자로 바꿔야 할 시점이다. 할배가 손을 뻗어 아들 둥이의 어깨를 두드렸다.

"할아버진 언제나 하진이 편인 거 알아 몰라?"

"아닐 때도 있잖아요!"

아들 둥이는 할배를 쳐다보지도 않고 고개를 숙인 채 대답을 한다.

"물론 아닐 때도 있지! 정리할 때 하나는 열심히 하는데 하진이는 계속 놀고만 있었잖아. 그럴 때 할아버지는 누구의 편도 되어 줄 수 없어."

"정리하려고 생각하고 있었다고요."

"맞아! 할아버지도 그렇게 느끼긴 했는데 할머니나 하나는 하진이 생각을 모르지! 그럴 때는 생각만 하지 말고 '내 물건은 내가 정리할 테니 그냥 놔둬'라고 했으면 좋았을 텐데!"

"할머니는 하나만 칭찬해 주고…."

역시 아들 둥이다. 끝난 젤리 따위에 꼬라지를 부리는 것이 아니고, 할머니의 편애 때문으로 상황을 바꿔치기 한다.

"아냐! 하진이가 잘한 게 있을 때는 하진이 칭찬도 많이 해 줬잖아. 오늘은 하나가 할머니 말을 잘 들은 거고, 너는 그렇지 못한 거잖아."

"정말 정리하려고 했었다니까요!"

"그래! 할아버지도 그걸 아니까 이렇게 사탕을 주려고 하는 거야."

아들 둥이가 굳었던 표정을 풀며 할배가 꺼내 든 사탕에 시선을 고정시킨다. 역시 아이는 아이고, 아직은 할배가 한 수 위다. 아들 둥이의 꼬라지 대참사를 막은 것만으로도 할배 밥값은 충분히 한 날이다.

아빠는요?

주말 오후였다. 둥이들의 돌봄 스케줄이 확실하게 비어 있던 날이다. TV 시청도 하고, 모바일 게임도 하면서 할배만의 여유로운 주말을 즐기던 중 둥이 엄마에게 전화가 걸려왔다.

"아빠! 혹시 집에 계세요?"

"그래, 집이야."

"하나, 하진이가 지금 여름성경학교에 가 있는데 애들 아빠가 전화도 안 받고 카톡 문자도 안보고 연락이 안 되네요. 하나, 하진이만 남았다는데 집에 데려와주실 수 있나요?"

통화 내용은 할배의 의견을 묻기도 하지만, 빨리 가서 둥이들을 귀가 시키라는 긴급 전달이다. 문자로 교회 주소를 전달 받고 차를 몰아 달려갔다. 여름성경학교는 교회별관 지하1층에 있다. 할배는 기다리고 있을 둥이들을 생각하며 출입문을 지나 유치부실로 걸음을 재촉한다. 유치부실 앞을 서성이던 중년의 남자분이 할배를 발견하고는 반색을 하신다. 남은 아이들은 둥이들 뿐이다.

"하나, 하진이 할아버지세요?"

"네, 맞습니다."

그런데 당연히 반길 줄 알았던 둥이들의 표정이 심상치 않다.

"아빠는요?"

딸 둥이가 짐을 챙겨들며 아빠의 소재를 묻는다.

"아빠는 갑자기 급한 일이 생겨서 할아버지가 대신 온 거야."

할배의 해명성 말에도 둥이들의 표정엔 변화가 없다. 늦은 시간까지 둥이들을 보호하고 있던 분들에게 감사와 미안함이 담긴 인사를 하고 밖으로 나왔다. 짐작컨대 둥이들이 아빠와 모종의 약속을 한 것 같다는 생각이 든다. 키즈카페를 가기로 했다거나 맛있는 거 먹으러 가기로 약속했거나. 둥이들의 시큰둥한 반응에 할배도 기분이 언짢아졌다. 주차장을 향해 가면서 두어 걸음 뒤에 따라오는 둥이들에게 묻는다.

"할아버지가 뭘 잘못했지? 아빠가 전화도 안 받고 연락이 안 된다고 해서 할아버지가 온 건데!"

둥이들은 여전히 아무런 말도 하지 않는다.

"미안해! 다음부터는 할아버지가 너희들 데리러 안 갈 거야."

단단히 꼬였는지 여전히 아무런 반응이 없다.

집으로 오는 차 안은 평소와 다르게 조용했고 어색한 공기만 흐른다. 할배의 머릿속이 복잡하게 돌아간다. 이런 상황을 그냥 넘길 할배가 아니다. 드물기야 하겠지만 같은 상황이 반복되지 말란 법은 없다. 이참에 둥이들의 나쁜 버릇 중 하나인 어쩔 수 없는 상황에도 자기생각만 하는 나쁜 버릇을 고쳐볼 생각이다.

"미안해! 할아버지가 눈치가 너무 없었어. 다음부터는 많이 늦더라도 엄마나 아빠에게 데리러 가라고 할게."

딸 둥이가 울먹이기 시작한다.

"죄송해요."

마지못해 하는 사과다.

"뭐가 죄송한 건데? 너희들 때문에 주일학교 선생님들도 집에 못 가고 있었잖아. 그분들에게 미안한 마음은 없어?"

이번에는 입을 꾹 다물고 있는 하진이를 콕 집어 말했다.

"그리고 하진아! 할아버지가 쉬지도 못하고 너희들 데리러 온 게 잘못한 거니?"

"아니요."

"그런데 왜 할아버지가 너희들 기분 안 좋은 거 받아줘야 하는데?"

"그만하세요. 죄송하다고 했잖아요!"

드디어 참고 있던 딸 둥이의 울음이 터졌다. 마음은 아프지만 눈물을 보인다고 절대로 마음이 약해져서는 안 된다. 딸 둥이는 자신의 눈물이 강력한 핵무기임을 잘 알고 있다. 선을 넘는 행동이나 나쁜 버릇을 고쳐보겠노라 나섰던 할배도 둥이들의 눈물에 밀려 몇 번이나 후퇴를 경험했었다. 절대로 눈물에 약해져선 안 된다며 마음을 다잡아 본다.

"정말 죄송하다고 생각하면 그런 식으로 사과하는 거 아냐. 지금은 사과가 아니라 짜증을 내고 있잖아!"

"짜증낸 거 아니라고요!"

"사과는 정말 미안한 생각을 담아서 공손하게 하는 거야. 그렇게 울며 소리 지르면 사과가 아니라 반항하는 걸로 느껴져. 그런 억지 사과를 받고 싶은 마음도 없고."

할배는 마지막으로 쐐기를 박는다.

"그리고 운전에 방해되니까 울음 그쳐."

할배의 단호함에 딸 둥이의 울음이 잦아든다.

"하나야! 그만 울어. 아빠가 어쩌면 깜박 잠이 들었을지도 몰라요."

아빠가 오지 못한 상황에 대해 그럴 만한 이유가 있을 거라 설명한다.

딸 둥이의 꼬라지를 받아내며 집에 도착했다. 할배의 메롱한 기분은 기분이고 둥이들 간식을 챙겨준다. '손주를 보느니 밭에 나가 김을 매라!'는 옛 어른들의 말씀이 실감나게 다가온 날이다.

"할아버지! 정말 죄송해요."

딸 둥이가 간식을 먹다 말고 할배에게 다가와 사과를 한다.

"또 그럴 거야?"

딸 둥이는 대답 대신 고개를 가로젓는다. 할배는 딸 둥이의 두 눈을 똑바로 바라보다가 두 팔을 벌려보였다. 와락 안기며 다시 울음이 터져버렸다. 할배가 무섭다고 느껴졌을 거라 생각하니 마음이 아프다.

"할아버지가 하나 혼낸 거 아냐. 그런 행동은 나쁘다는 걸 알려준 거야. 할아버지는 우리 하나를 엄청 사랑해!"

"저도 할아버지, 할머니 많이 사랑해요!"

둥이들은 5분도 지나지 않아 언제 그랬냐는 듯 놀이에 정신이 없다. 아직은 옳고 그름에 대한 이해가 부족한 나이인가 보다. 다 아는 것 같아도 여전히 아이는 아이다. 할배의 아픔과 서운함이 쉬 가시질 않는다.

아니요!
버리려고요

오래되고 낡아서 쓸모없어 보이는 물건이지만 차마 버리지 못하는 것들이 있다. 정이 들었다거나 사연이 있을 수도 있겠고, 그 물건으로 인하여 특별하게 떠올려지는 추억이 있어서일 수도 있다.

  둥이들에게도 그런 물건이 있다. 다름 아닌 둥이들 탄생에 맞추어 할머니가 장만해준 유아용 꽃무늬 이불이다. 둥이들만의 공통점을 말하라고 하면 가장 첫 번째로 떠올려지는 것이 이불이다. 할배 부부가 둥이들 집을 방문할 때마다 이불을 몸에 두르고 있거나 들고 다니며 늘 곁에 두는 최고의 애장품이다. 심지어는 가족 여행을 할 때나, 할배 집을 방문할 때도 둥이들의 이불은 반드시 챙겨야 하는 준비물로 자리 잡았을 정도다. 어린이집을 갈 때도 들고 갔다가 다른 아이들은 가져오지 않는 물건이니 집에서만 사용하라는 선생님들의 설득이 있었을 정도란다. 둘이서 놀다가도 갑자기 이불이 생각나면 찾아서 곁에 두고 논다. 오래되어 낡았으니 버리고 새것으로 사주겠다는 제안도 싫다고 한다.

그런 애착이불을 할배 집에 나란히 품에 안고 왔다. 아빠의 장기 출장으로 당분가 할배 집에서 지내야 하는 사정이 생기자 다른 건 몰라도 이불만큼은 가져가겠다고 고집을 부렸단다. 놀이를 할 때나 동화책을 읽어줄 때도 이불을 꼭 끌어안고 있다. 할배도 버리지 못하는 것들이 있다. 없어서는 안 될 중요한 것도 아닌데 차마 버리지 못한다. 그냥 곁에서 자리만 차지하고 있어도 마음이 편안해지는 그런 것들이다. 그런 할배가 이번 기회에 버리며 사는 것도 괜찮다는 것을 알려주고 싶어졌다. 생각이 어렵지 마음만 먹으면 실행에 옮기는 할배가 행동에 옮긴다.

둥이들이 어린이집 등원으로 집에 없을 때 애착이불을 옷장

깊숙한 곳에 숨겼다. 하원 후에 아무 문제없이 잘 노는 것을 보며 숨기길 잘했다는 생각이 든다. 그러나 그것도 잠시다. 딸 둥이가 무언가를 찾아 이 방 저 방 뒤지고 다닌다. 딸 둥이의 행동이 이불 찾아 삼천리임을 알고는 있지만 할배는 모른 척한다. 구석구석을 뒤지고 다니던 딸 둥이의 표정을 보니 울음이 터지기 일보 직전이다.

"왜 하나야? 뭘 찾는 건데?"

참 뻔뻔한 할배다.

"내 이불이 없어요."

딸 둥이의 말에 자동차 놀이에 빠져 있던 아들 둥이가 화들짝 놀라며 할배와 딸 둥이를 번갈아 본다.

"그런 건 할아버지한테 물어봐야지! 정리를 안 하고 가서 할아버지가 잘 보관해뒀지."

할배가 옷장 문을 열어 이불을 꺼내는 동안 둥이들이 어느새 옆에 서서 지켜보고 있다. 보관이 아닌 숨김으로 생각한 둥이들이 숨김 장소를 확인하는 것만 같다. 이불을 되찾은 둥이들이 다시 놀이에 열중한다.

"얘들아! 이건 낡아도 너무 낡아서 안에 있던 솜들도 밖으로 삐져나오고 하니까 이젠 버려야 할 것 같지 않니?"

"싫어요! 안 버릴 거예요!"

할배의 설득에 둥이들이 단호함으로 맞선다.

"이건 아무리 좋게 생각해도 위생적이지 않아. 이런 게 삐져나오면 솜먼지가 되어서 공기 중에 떠다니다가 우리가 숨 쉴 때 몸으로 들어올 수도 있고, 또 집먼지 진드기 같은 게 있어서 몸이 가렵거나 상처가 생길 수도 있어."

할배는 비교적 위생 관념이 철저한 둥이들이기에 위생적으로도 좋지 않음을 부각시킨다.

"1주일에 한 번씩 세탁하면 되죠!"

"세탁도 좋은 방법이긴 한데 그럴 때마다 여기저기 구멍들이 점점 커지잖아. 그러면 더 안 좋아질 텐데! 차라리 이것하고 똑같은 천으로 만든 새 이불이 좋지 않을까?"

"그래도 싫은데…."

"그래! 싫으면 안 버려도 돼. 하나, 하진이 이불 때문에 사람들이 불편해 하지 않게만 하면 돼. 다른 사람들도 이용하는 엘리베이터나 어린이집, 놀이터 같은 데도 이불 들고 다니면 사람들이 이상하게 생각할지도 몰라."

할배는 버리지 않아도 된다고 했으면서도 부정적인 말들로 계속 공격 수위를 높여나간다. 할배의 말에 딸 둥이는 버려야 할지 말지의 사이에서 고민을 하는 것 같은데, 아들 둥이는 표정의 변화조차 보이지 않는다.

"할아버지는 강변 산책 가고 싶은데 너희들 생각은 어때?"
"좋아요! 저도 갈래요."
산책 가자는 말에 둥이들이 따라나선다. 그런데 딸 둥이가 애착이불을 들고 있다.
"그것도 가지고 가려고?"
"아니요! 버리려고요."
할배는 잘못 들었는줄 알고 딸 둥이를 쳐다보았다.
"버려도 괜찮을 것 같아요."
"정말 괜찮겠어?"
"네!"
"그럼 하진이는?"
"저는 지금은 안 버릴 거예요."
"그래! 꼭 지금이 아니어도 괜찮아. 버리고 싶다는 생각이 들면 그때 얘기해!"
"네!"

둥이들과 함께 집을 나와 강변으로 가기 전에 먼저 분리수거장으로 향했다. 분리수거장엔 의류, 신발, 이불 등을 수거하는 수거함이 따로 있다.

"하나가 여기다 직접 넣어봐."

할배의 말에 딸 둥이가 수거함 입구에 애착이불을 밀어 넣는다.

"이제 인사해줘야지."

딸 둥이가 할배를 쳐다보고는 조금은 슬픈 표정으로 애착이불에게 인사를 건넨다.

"그동안 함께 있어줘서 고마워! 잘 가!"

할배는 강변으로 가면서 딸 둥이의 손을 꼭 잡아주었다. 얼마나 좋아하는 물건과의 이별인지 할배는 누구보다 잘 안다. 무려 6년을 함께한 물건을, 할배에게 설득당해 버려야겠다는 결심을 하기까지 얼마나 힘들었을까! 둥이 엄마의 숙원사업 중 한 가지를 해결해준 날이자, 딸 둥이의 용기에 할배가 포인트 다섯 개를 아낌없이 던져준 날이다.

좋은 생각하기

둥이들이 아빠의 출장으로 할배 집에서 등원을 하는 날이다. 아침에 기분이 좋아야 하루가 즐겁게 흘러간다고 생각하는 할배는 둥이들의 아침 컨디션 관리에도 많은 신경을 쓴다. 일찍 일어나 엄마와 함께 간단한 아침 식사를 하는 딸 둥이와는 반대로 아들 둥이는 아침잠이 많아 기상부터가 쉽지 않다. 간신히 일으켜 씻게 하고 아침 식사도 챙겨준다. 딸 둥이가 출근하는 엄마를 살갑게 배웅하고, 할머니 손에 의해 등원을 위한 머리 손질을 할 무렵에야 간신히 식탁에 앉는다.

"다녀오겠습니다!"

둥이들이 할머니에게 인사를 하고 할배와 함께 집을 나선다.

"안전벨트 맸나요?"

"네! 출발하세요."

"할아버지 항공을 이용해 주시는 승객 여러분께 감사드립니다. 본 여객기 SMW5192기는 할배 공항을 출발해 약 15분 뒤에 ○○○어린이집에 도착할 예정입니다. 승객 여러분의 안전을 위하여 안전벨트를 확인하여 주시고, 도착할 때까지 즐겁고 편안한 여행이 되시기 바랍니다."

뜻밖의 비행기 등원에 둥이들이 즐거워한다. 할배의 등원 이벤트가 둥이들 마음에 든 것 같아 기분이 좋다.

"우리 하나를 좋아하는 친구들이 많아?"

"좋아하는 친구들도 있고, 그렇지 않은 아이들도…."

딸 둥이가 할배의 물음에 자신 없는 답을 들려준다.

"어린이 집에 가면 친구들과 어떻게 놀아야 되지?"

"사이좋게요."

"친구들에게 나쁜 말, 나쁜 행동하면 될까 안 될까?"

"당연히 안 되죠!"

"그럼 좋은 말과 행동을 하려면 어떻게 해야 돼?"

"그냥 좋게 하면 되죠."

"아냐! 그냥 되는 게 아니고, 먼저 좋은 생각을 가져야 돼. 좋은 생각을 갖고 친구들을 대하면 말과 행동은 저절로 좋아져. 그러면 다툴 일도 없고, 먼저 좋은 말과 행동을 보여줬으니까 친구들도 똑같이 대해줄 거야."

"네! 알겠습니다."

할배가 등원 중에 생활지도를 하는 데는 그만한 이유가 있다. 워낙 말도 잘하고 예뻐서 친구들 사이에 제법 인기가 있을 거라 생각한 딸 둥이가 그렇질 못하단다. 고집이 세서 친구 관계가 걱정이었던 아들 둥이는 반대로 아무 문제 없이 친구들과 잘 어울린단다. 할배의 생각과 또래 아이들의 생각에 차이가 있음을 실감한다. 할배가 예뻐하는 만큼은 아니어도 매일 보아야 하고 앞으로도 보아야 하는 친구들과, 무리 없이 잘 지내주길 바라는 게 할배의 마음이다.

선생님은 절대 절대로
안 할래요

"할아버지 동화책 읽어주세요."

둥이들이 동화책을 들고 와서 읽어달라고 한다. TV 시청을 요구하다 거절당하자 이번엔 동화책이다. 읽어주는 거야 어려운 일이 아니지만 할배는 생각이 많아진다. 한글을 떼려고 마음만 먹으면 충분히 뗄 수 있는 아이들이다. 아들 둥이는 쓰기에서 가끔 받침을 헤매긴 하지만 동화책을 읽기에는 충분한 실력이다. 딸 둥이가 아직 글자 배우는 즐거움에 빠져들지 않는다. 배움이 즐거울 거란 생각은 어디까지나 할배 생각일 수 있다. 둥이들은 아직 배움에 대한 갈증을 느낄 수 있는 시기가 아닌 것 같다. 할배는 역할 놀이를 떠올렸다. 딸 둥이가 좋아하는 놀이여서다.

"하진이가 선생님 한번 해볼래?"
아들 둥이는 선생님이란 배역이 싫지 않은지 눈을 반짝거리며 반응한다.
"우리 하나는 학생하자."
"그럼 할아버지는요?"
"할아버지야 뭐 미술선생님을 해도 되고, 학생을 해도 괜찮을 것 같아!"
"좋아요!"
"하나가 반장해. 반장은 수업하기 전에 학생들을 선생님께 먼저 인사부터 시키는 거야. 반장이 '차렷! 선생님께 인사!' 하면 '선생님 안녕하세요!' 하는 거야."
딸 둥이가 학생인 할배를 보며 구령을 한다.
"차렷! 선생님께 인사!"
"선생님 안녕하세요!"
딸 둥이와 할배가 머리 숙여 인사를 하자 아들 둥이가 웃는다.

"자, 그럼 이하진 선생님! 동화책 읽어주세요."

아들 둥이가 또박또박 동화책을 읽기 시작한다. 긴장이 되는지 받침이 있는 어려운 글자 앞에서는 더듬기도 했지만 표정만큼은 무척 진지하다. 이제 겨우 한 쪽을 읽고 두 번째 쪽을 읽으려는데 딸 둥이가 고개를 돌려 할배를 본다. '이걸 계속 듣고 있어야 하나요?'라는 표정으로 말한다. 할배는 고개를 끄덕여 대답을 대신했다. 딸 둥이가 마땅치 않은지 입을 삐죽 내민다. 아들 둥이가 이 순간을 놓칠 리 없다.

"할아버지! 재미없어요."

"하진이 선생님은 지금 아주 잘하고 있는데 왜?"

"선생님 안할래요. 책 읽는데 자꾸 다른데 보고!"

아들 둥이는 고수다. 하기 싫은 이유를 슬쩍 딸 둥이 탓으로 돌린다.

"수업 중에 딴짓하면 벌을 줘도 될 텐데."

기다렸다는 듯 아들 둥이의 표정이 밝아진다. 바로 행동으로 옮길 태세다. 행동으로 옮기면 자칫 분쟁으로 확전될 수도 있다.

"벌을 줘도 되지만 처음에 한두 번은 경고를 주기도 해."

할배의 말에 아들 둥이의 표정에 아쉬움이 스쳐 지나간다.

"이하나 책 읽을 때 다른 데 봤으니까 경고!"

이번에는 경고를 받은 딸 둥이의 표정이 좋지 않다.

"재미없어요. 할아버지 다른 거 하면 안돼요?"

"몇 장 안 남았잖아. 하진이 선생님이 첫 수업은 마치게 해줘야지."

아들 둥이가 할배와 딸 둥이의 눈치를 살피다가 책 읽기를 이어간다. 딸 둥이가 경고를 한 번 더 받으면서 진행된 동화책 읽기 수업이 어렵게 끝났다. 수업을 마친 선생님이나 학생들 모두 힘든 시간이었다.

"다시는 선생님 안 할래요."

아들 둥이가 동화책을 제자리에 갖다 놓으며 볼멘소리를 한다.

"아냐! 하진이는 선생님이 정말 소질 있어 보이고 잘 어울리던데!"

"아무리 그래도 선생님은 절대 절대로 안 할래요."

"누군가를 가르치는 일이 그렇게 힘들었어?"

아들 둥이는 대답 대신 고개를 끄덕인다.

"그러니 어린이집 선생님들은 얼마나 힘드시겠어. 얘들아 이거 하자! 하면 돌아다니고, 딴짓하고, 장난치고 그럴 텐데.

그래도 선생님들은 힘들어서 못하겠어요! 하지 않잖아. 하나 하진이도 어린이집에서 선생님 말 안 듣고 장난한 적 있어 없어?"

"많이는 아니고 어쩌다 한 번요."

"앞으로는 선생님들 말을 잘 들어야겠지?"

"네!"

할배는 길지 않은 시간을 역할 놀이 하느라 수고한 둥이들을 위한 간식을 준비한다. 세상에 쉽게 할 수 있는 일이 없음을 조금이라도 깨닫는 계기가 되었으면 하는 바람을 가져본다.

그렇게 걸으면 안돼요

TV를 보고 있는 할배의 양옆으로 둥이들이 다가온다. 딸 둥이의 손엔 머리빗이 들려 있고, 아들 둥이의 손엔 모자와 머플러가 들려 있다. 할배는 심상치 않은 시간이 될 것임을 직감한다. TV만 보지 말고 같이 놀자는 거다. 등 뒤에 자리한 딸 둥이가 할배의 머리를 빗기기 시작한다. 아들 둥이는 할배의 목에 머플러를 걸쳐주고 조금 떨어져서 바라본다. 길게 늘어진 머플러가 마음에 들지 않는지 반으로 접어서 다시 걸쳐준다. 머리 손질을 대충 끝낸 딸 둥이가 머리에 모자를 씌워준다.

"자, 안경은 벗고 앞을 보세요. 턱은 당겨주고 눈은 살짝 아래쪽을 보는 느낌으로."

"좋아요! 표정은 자신 있게, 동작은 우아하게 하는 거 아시죠? 그대로 천천히 일어서서 걸어보세요."

할배는 예고도 없이 시니어 모델이 되어버렸다.

"할아버지! 그렇게 걸으면 안 돼요. 아까 말했잖아요. 표정은 자신 있게 동작은 우아하게라고!"

"얘들아. 할아버진 모델이 처음이라서 잘 모르잖아."

"할아버지! 얘들아가 아니고 디자이너 나나라고 불러주세요. 저쪽은 스타일리스트 하진 선생님이고요."

둥이들이 어디서 보았는지 모델 놀이를 제대로 한다.

"자, 제가 걷는 걸 보고 그대로 따라하시면 돼요."

딸 둥이, 아니 디자이너 나나가 직접 워킹 시범을 보인다.

"잘 보세요! 걸음은 일자로, 몸이 흔들리지 않도록 균형을 잘 잡고, 턱 당겨주는 것 잊지 말고요. 표정은 자신감 넘치게 하고, 팔은 자연스럽게 흔들어 주면 되는 거예요."

설명도 설명이지만 디자이너 나나의 워킹이 제법 그럴 듯하다.

"자 시간이 없어요! 다시 한 번 해보세요."

할배는 디자이너 나나의 가르침 대로 걸어본다.

"좋아요! 아직 부족하지만 아까보다 훨씬 좋아졌어요. 거기서 손 허리에 올리고 멈췄다가 돌아서서 다시 돌아오면 됩니다. 하진 선생님은 갈아입을 옷 빨리 준비하고요!"

할배는 얼떨결에 둥이들의 패션쇼에 모델로 픽업된 이 상황이 웃기기도 하고 놀랍기도 하다.

"그런데 이번엔 바꿔서 할아버지가 디자이너가 되고, 너희들이 모델하면 안 될까?"

딸 둥이의 표정이 잠시 심각해진다.

"디자이너는 정말 어려운 건데 하실 수 있겠어요?"

"한번 해보지 뭐."

"그럼 디자이너 이름부터 만들어야 해요. 어떤 이름이 좋을까요?"

"음, 디자이너 할배 어때?"

둥이들이 웃는다.

"이름이 너무 촌스러워요."

"할배 말고 멋진 영어 이름 하나 말해보세요."

"할아버지 성을 영어로 쓰면 SEO인데 어떤 사람은 세오라고도 읽어."

"좋아요! 디자이너 세오로 해요. 디자이너 세오! 이번 패션

쇼의 콘셉트는 뭐죠?"

"콘… 콘셉트가 뭐야?"

"패션쇼는 그냥 아무렇게나 하는 게 아니고, 확실하게 주제를 정해서 보여줄 수 있어야 해요. 한국의 아름다움을 표현했다든지, 활동에 편한 일상복을 주제로 했다든지 하는 걸 말하는 거예요."

둥이들의 하는 행동으로 보아 그냥 단순한 놀이가 아니다.

"그런데 이런 것들을 다 어디서 배웠니?"

"유 선생님이 알려줬어요."

"유 선생님이 누군데?"

"유튜브요!"

"유튜브에 보면 모델 되는 방법, 디자이너 되는 방법, 이런 게 나와요. 거기 나오는 거 따라서 한 거예요."

할배는 정말 상상도 못하던 세상을 아이들이 살고 있다. 미디어가 아이들에게 교육적인 측면을 정확하게 알려주고 있는지도 걱정이다. 둥이들도 제공되는 미디어의 좋고 나쁨에 대한 판단을 하기에는 아직 어리다. 보고 듣는 모든 것들을 그대로 흡수해버리는 것이 아이들이다. '아이들 보는 데서는 냉수도 마시지 못한다'라는 속담이 있다. 보는 대로 따라 배우는, 마치 스펀지 같은 흡수력으로 모방을 하는 아이들을 염두에 둔 속담일 게다. 미디어 시청을 제한하는 등이 엄마의 교육 방법에 전적으로 동의하게 되었다.

그거 속임수죠?
다 알아요!

둥이들과 놀아주기 위해선 할배도 끊임없이 뭔가를 배워야 한다. 둥이들과 놀아줄 소재가 제법 있다고 생각했는데 막상 무언가를 하려면 딱히 내세울 만한 게 없다. 둥이들은 무엇을 좋아할까 고민 끝에 마술을 배우기로 했다. 아주 간단한 기초 마술 몇 가지만 할 줄 알아도 둥이들과 시간을 보내기에 무리가 없을 것 같아서다. 어디서 누구에게 배우냐고? 할배는 다행히도 마음만 먹으면 세상 모든 것이 스승이 되는 좋은 세상에 살고 있다. 유튜브에서 마술 배우기를 검색하여 10분 만에 지극히 간단한 마술 하나를 배웠다. 유 선생이 할배의 스승인 셈이다. 혹시 있을지 모를 실수에 대비해 몇 번의 연습 과정도 마쳤다. 완벽하다. 할배는 이제 둥이들이 오기만을 기다리면 된다.

드디어 기다리던 둥이들이 "다녀왔습니다!"를 외치며 할배 집에 들어선다. 애써 공부한 마술을 써먹어보고 싶은 마음이 굴뚝 같지만 서두르면 안 된다. 먼저 손 씻기와 간식을 먹기 위한 시간이 필요하다. 간식을 먹고 나면 자유 시간이다. 할배가 준비한 이벤트를 진행해도 좋은 타이밍이다.

"얘들아, 할아버지가 마술 보여줄까?"

"무슨 마술인데요?"

할배의 예상대로다. 마술이란 말에 눈을 반짝거리며 관심을 보인다. 할배는 식탁 옆에 놓인 각 티슈 한 장을 뽑아서 펼쳐 보였다. 휴지가 맞는지를 확인시켜보지만 의심할 여지도 없이 휴지일 뿐이다. 이어서 손에 잡은 휴지를 찢어 보인다. 둥이들의 시선이 할배의 동작을 놓치지 않기 위해 집중을 한다. 여러 조각으로 찢긴 휴지를 뭉쳐서 손에 꼭 쥐어 보인 다음 아들 둥이의 손으로 옮겨주었다.

"자! 손에 있는 휴지 뭉치가 없어질지도 모르니 주먹을 꼭 쥐고 있어. 너희들은 이 휴지가 어떻게 되었으면 좋겠어?"

"없어졌으면 좋겠어요."

"아냐. 있는 걸 없애는 거 말고 더 좋은 방법이 없을까?"

"어, 그냥 원래대로 안 찢어진 휴지였으면 좋겠어요."

"이미 찢어버린 걸 원래대로! 그건 없어지게 하는 것보다 더 어려운건데."

잠시 고민을 하는 척 연기를 하다가 기합과 함께 아들 둥이의 손을 감싸고 흔들어 준다. 마치 원래대로 복원시키는 의식처럼 느껴졌을 것이다.

"자, 이제 손을 펴봐!"

"과연 원래대로 돌아왔는지 확인해 봐야겠지?"

할배의 말에 아들 둥이는 바로 학인에 들어간다. 조심스럽게 구겨진 휴지를 조금씩 펼쳐 보인다. 놀라운 일이 벌어졌다. 분명히 여러 조각으로 찢어진 휴지 뭉치를 받았는데 찢기기 전의 멀쩡한 휴지로 돌아왔다.

"와! 정말 신기하다! 어떻게 한 거예요?"

"어떻게 하는지 다 봤잖아?"

"우리도 알려주세요."

"다시 한 번 보여주세요."

할배는 무척 치밀하다. 다시 보기를 원할 것에 대비한 준비를 해두었다. 이전과 마찬가지로 각 티슈 한 장을 뽑아서 보여

주고 조각조각 찢으며 재연을 해보인다. 다시 보아도 전혀 다를 것이 없다. 이미 한 번 성공한 마술이어서 자신감이 더해져 훨씬 자연스럽게 할 수 있었다. 대성공이다. 똑같은 마술을 보여주었지만 둥이들의 호기심은 더욱 커졌다.

"할아버지! 그거 속임수죠? 다 알아요!"

"다른 마술도 할 수 있어요?"

"할 수는 있는데 하루에 딱 한 가지만 보여줄 수 있어."

"우리도 가르쳐 주세요. 네?"

"오늘 보여준 마술은 다음에 마술 할 때 알려줄게. 대신 다음 마술 할 때까지 싸우거나 떼쓰는 거 없어야 알려줄 거야. 알았지?"

"네!"

마술의 재미는 알고 나면 별 거 아닌 트릭에 있다. 이런 트릭은 마술사가 공개를 하기 전엔 전혀 알 수가 없다. 둥이들이 할배가 보여준 마술을 따라하느라 휴지를 찢기 시작한다. 아무리 해봐도 답을 찾지 못할 것이다. 애꿎은 휴지만 찢겨져 거실 바닥을 굴러다닌다.

하나는
내 말 안 들어요!

둥이들이 주말 이른 아침에 할배집으로 왔다.

"할아버지, 우리랑 같이 놀아요."

같이 놀자는 말은 할배가 끼어야 놀이판도 커지고 재미있다는 말이다.

"할아버지는 먼저 청소부터 해야 하는데. 청소하는 동안 너희들은 동화책 보고 있을래?"

"우리도 할아버지 도와서 같이 청소하면 안 돼요?"

"저 청소 잘해요!"

"아냐, 청소는 할아버지가 할 테니 너희들은 책 보고 있어."

도와주겠다는 말만으로도 할배는 기분이 좋아진다. 청소기를 끌고 다니며 구석구석 꼼꼼하게 먼지를 제거한다. 청소 중인 할배 주변을 얼쩡거리던 딸 둥이가 청소기 위로 냉큼 올라탄다. 청소는 할배 사정이고 어떻게든 놀아야겠다는 생각이다.

"하나야, 할아버지가 청소를 빨리 끝내야 같이 놀아주지! 지금은 하진이랑 둘이 놀아!"

"싫어요. 할아버지랑 놀래요."

"그럼 청소는 누가 하고?"

"할머니가 하시면 되죠."

"할머니 힘들어서 할아버지가 도와주는 건데. 하진아, 하나 좀 어떻게 해봐!"

"하나는 내 말 안 들어요."

아들 둥이가 나서서 될 일이 아님을 알고는 있었지만 맥이 빠진다. 하는 수 없이 비장의 무기를 꺼내든다. TV 리모컨이다. 리모컨을 본 딸 둥이가 청소기에서 후다닥 내려와 소파로 자리 이동을 한다. 어이가 없다. 리모컨을 손에 들고 둥이들에게 묻는다.

"세상에서 제일 사랑하는 사람은?"

이미 정해진 답이다.

"할아버지요!"

공들여 세뇌시킨 효과가 있다. 할배는 오늘도 행복 가득한 날이다.

육아고수 할배의 힐링육아에세이

Chapter 2

할아버지는 장난꾸러기

아주 잊으신 거 아니죠?

둥이들을 관찰하다 보면, 전혀 생각 밖의 행동을 보게 될 때가 있다. 할배가 하원을 시키던 날의 사건이다. 늘 하던 대로 출입문 벨을 눌러 어린이집에 입장을 하고, 선생님들과 인사를 나눈 후 잠시 기다리면 짠! 하고 둥이들이 나타난다. 그리고 손을 앞으로 모아 선생님께 인사를 마친 후 밖으로 나온다.

여기까지는 아무 문제가 없었다. 그때 아들 둥이가 허리를 숙여 어린이집 마당에 있는 작은 돌멩이 한 개를 집어 들었다. 지극히 아이다운 행동이니 별 생각 없이 지켜보았다. 여기부터가 문제다. 마치 돌팔매질을 하듯 팔을 들어 올려 뒤로 당긴다. '설마!' 아들 둥이의 시선이 할배 자동차를 향하고 있었지만, '아니겠지! 아닐 거야!'라는 믿음의 끈을 놓지 못한다. 던지더라도 살짝 빗나가게 던지겠지! 그래야 돼! 제발! 할배의 간절한 바람은 아들 둥이가 던진 돌이 할배의 자동차 보닛에 정확히 맞고 튕겨져 바닥에 구르는 것을 보면서 허망함으로 바뀌었다.

 딸 둥이가 어이없다는 표정으로 할배를 본다. 아들 둥이도 할배를 빤히 쳐다본다. 순간 할배의 머릿속이 복잡해졌다. 대응 매뉴얼을 찾고 있는 중이다. 일단 할배의 언짢음을 표정으로 보여준다. 말 한마디 없이 차에 올라 시동을 걸었다. 할배가 단단히 뿔났음을 감지한 둥이들도 차에 올라 말없이 안전벨트를 맨다. 평소와 다르게 출발 전의 말 울음소리나 경주용 자동차 엔진소리도 생략했다. 차 안 공기가 제법 무겁게 흐른다. 어린이집을 나와 첫 신호등이 있는 지점까지 와서야 할배가 먼저 말문을 열었다.

 "할아버지 자동차가 하진이에게 뭐 잘못한 게 있니?"
 "아니요."
 "그런데 왜 돌멩이로 때린 거야?"

"그냥요."

"할아버지 차니까 그래도 된다고 생각한 거야?"

"아니요."

"할아버지 지금 기분이 아주 메롱해."

할배의 '메롱'은 기분이 안 좋다는 감정 전달을 위해 혀를 내민 아기들의 귀여운 표정인 메롱을 차용한 것이다.

"자동차에 돌을 던지면 경찰서에 가야 돼."

마침 자동차가 동 지구대 앞을 지나고 있다.

"할아버지는 지금 경찰서에 하진일 데려다 주어야 하나 고민 중이야."

룸미러로 뒷좌석에서 잔뜩 겁먹은 표정인 아들 둥이를 살핀다.

"만약 달리는 자동차 유리에 던졌으면 유리가 깨져서 사람이 다치거나 큰 사고로 이어질 수도 있어. 자동차 주인이 고쳐달라거나 새 자동차로 바꿔달라고 하면 다 해줘야 하는 건 물론이고, 경찰서에 가서 조사도 받아야 해."

아들 둥이의 표정이 더 어두워진 걸 확인하며 말을 이었다.

"실수로 그런 것도 아니고 일부러 한 행동이면 엄청 혼날 걸!"

"할아버지, 그럼 혹시 감옥에 갈 수도 있어요?"

딸 둥이가 적절한 타이밍에 끼어들었다.

"그럼! 자동차 주인이 원하는 대로 해주지 않으면 그럴 수도 있지. 무엇보다 잘못을 했으면 빨리 사과를 할 줄 알아야 하는데…."

"할아버지 죄송해요."

놀라운 일이다. 아들 둥이가 할배의 말이 채 끝나기도 전에 사과를 한다. 사과하는 걸 죽기보다 싫어하는 아이다. 아들 둥이에게는, 사과를 받으려면 마음의 준비가 필요하다며 기다리라고 한다. 한참을 기다려 받은 사과는 "미안!" 한마디로 끝난다.

"진심으로 사과하고 반성하면서, 떼쓰거나 말썽부리지 않겠다는 약속을 해주면 오늘 있었던 일을 할아버지 기억에서 지울 수도 있어."

"그게 무슨 말이에요?"

"잘못한 건 맞지만 이번 한번은 용서하겠단 뜻이야."

"정말 죄송해요. 다시는 안 그럴게요."

"좋아! 하진이를 믿고 할아버지 기억에서 차에 돌 던진 것을 지우겠어."

할배의 말에 안심이 되는지 불안하고 겁먹었던 표정이 풀린다.

"그런데 하진이가 또 말썽을 부리면 할아버지 기억이 돌아오나요?"

역시 딸 둥이다. 하진이가 쓸데없는 고집을 부린다거나 문제를 일으킬 때 꺼내 들 무기로 '기억 되돌리기'를 사용할 생각이다. 그런 할배의 계획에 딸 둥이도 동참할 생각이 분명하다.

제법 시간이 흘러서도 딸 둥이는 할배의 기억을 되돌리는 촉매제 역할을 한다. 어디로 튈지 모르는 아들 둥이를 순한 양으로 만드는 데 이만한 무기가 없음을 안 것이다.

"할아버지! 하진이가 차에 돌 던진 거 아주 잊으신 거 아니죠?"

"잊고 있었는데… 기억나게 해줘서 고마워!"

"할아버지가 영원히 지워버린다고 했잖아요?"

아들 둥이가 항변한다.

"할아버지 기억에선 지워진 거 맞아! 하나의 기억에 남은 게 문제지."

여보세요, 망태할아버지죠?

둥이들이 달려온다. 어린이집에서 할머니, 할아버지에게 편지를 썼단다. 그림도 그려져 있고, 글씨는 날아다닌다. 중간 중간 빠져 보이는 받침들은 도망쳤거나 옆집으로 놀러가는 중이다. 놀아줘서 고맙고, 동화책 읽어주어 고맙고, 선물 주어 고맙단 내용엔 피식 웃음이 나온다. 건강하게 오래 살아달라는 마지막 인사말엔 가슴이 따스해진다. 어느새 아이들의 위로가 필요해진 세상을 지나고 있다.

"할아버지도 선물 받고 싶다!"

선물 받고 싶다는 할배 말에 아들 둥이가 살짝 당황하는 기색을 보인다. 이럴 때는 딸 둥이가 순발력 갑이다.

할배 목을 끌어안고 볼에 냅다 뽀뽀를 한방 날려준다.

"할아버지가 제일 좋아하는 선물은 이런 거죠?"

"그럼! 우리 둥이들 뽀뽀가 할아버지에겐 최고의 선물이지. 편지도 받고, 뽀뽀도 받았으니 할아버지는 뭘 줘야 하나?"

"재밌는 이야기 해주세요."

"음, 너희들 혹시 망태할아버지 알아?"

"네. 본 적은 없는데 들어는 봤어요."

"망태할아버지가 어떤 사람이냐 하면, 말 안 듣고 떼쓰는 아이들을 망태에다 담아서 잡아가는 사람이야."

"에이, 그런 게 어디 있어요? 그런 건 다 꾸며낸 이야기랬어요."

누군가에게서 망태할아버지에 대해 들은 바 있는 아들 둥이가 그냥 넘어갈 리 없다. 곧바로 태클이 들어온다. 할배는 아들 둥이의 똑똑함을 무력화시켜야겠다는 오기가 발동한다.

"그래! 그럼 내가 알고 있는 망태할아버지는 뭐지? 나한테 전화번호도 있는데!"

"거짓말하지 마세요! 그런 거 없어요."

"좋아! 그러면 내가 지금 망태할아버지한테 전화 걸어서 바꿔줄게."

할배는 곧바로 망태할아버지에게 전화를 건다. 둥이들이 모르는 할배의 사촌 동생이다. 스피커폰을 통해 신호음이 몇 번 이어지더니 전화를 받는다.

"여보세요, 망태할아버지죠?"

사촌 동생은 할배가 둥이들을 위해 안동으로 이주했음을 아는지라 기꺼이 망태할아버지가 되어준다.

"네, 무슨 일이십니까? 혹시 할아버지 말을 안 듣는 아이가 있나요?"

"그런 건 아니고 혹시 말을 안 듣거나 하면 연락하려고요. 전화만 하면 바로 오실 수 있는 거죠?"

"말 안 듣는 아이가 한 명이면 작은 망태, 두 명이면 큰 망태가 필요하니까 말씀만 하세요."

"네, 고맙습니다. 연락드리겠습니다."

통화를 지켜보는 둥이들 표정이 너무 재미있다. 설마 그런 게 있을까 하는 의심의 눈초리가 통화 시작과 함께 사라지더니, 상황에 따라 망태가 필요하다는 대목에서는 긴장하는 표정으로 싹 바뀌었다.

"봐! 이래도 망태할아버지가 없어?"

"아니요. 정말 있어요!"

딸 둥이는 할배 말을 믿어주는데 아들 둥이는 여전히 의심을 거두지 않는다.

"핸드폰 좀 주세요!"

"핸드폰은 왜?"

"정말 망태할아버지가 맞는지 보려고요."

"무슨 소리야? 옆에서 통화하는 거 다 들어 놓고!"

아들 둥이와 진실 공방을 하고 있는 중에 ○톡 알림이 울린다.

망태할아버지가 둥이들을 위해 치킨 두 마리를 쏜다며 쿠폰을 보내주었다. 정말 고마운 망태할아버지다.

에이,
뽀뽀 그런 게 어디 있어요?

둥이들이 할배의 작업실을 기웃거린다. 놀아달라는 신호임을 알지만, 하던 일을 멈추기도 애매한 시점이다.

"10분만 기다리면 할아버지 일이 끝날 거 같아. 조금만 더 기다려 줄 수 있지?"

둥이들은 기다려 달라는 할배의 말에도 좀처럼 문 앞을 떠나지 못한다.

"왜? 할아버지한테 할 말 있거나 다른 볼 일이 있어?"

기다렸다는 듯 딸 둥이의 얼굴에 웃음이 피어오른다.

"할아버지 일하는 거 보고 싶어요."

기회를 놓치지 않고 작업실의 출입을 허용해 달라 말한다. 할배는 잠시 고민하는 척 연기를 한다. 요구가 있을 때마다 출입을 허용하면 작업실은 둥이들의 점령지가 되어 놀이터로 변할 것이 확실하기 때문이다.

"대신에 절대로 뭐 만지거나 방해하면 안 되는 거 알지?"

"네!"

쪼르르 달려와 그림 작업 중인 할배의 양옆을 에워싼다. 둥이들은 할배의 그림에 그려지고 있는 인물들이 누구인지 안다. 할배 부부는 어쩔 수 없는 고정이고, 둥이 자신들이 주인공임도 안다.

"그런데 왜 그림에서 할아버지는 대머리로 나와요?"

"그건 좀 더 할아버지 같아 보이려고."

"언제부터 그림을 이렇게 잘 그리셨어요?"

"이건 잘 그리는 거 아냐. 정말 잘 그리는 사람들이 얼마나 많은데!"

"그냥 쓱쓱 하는 거 같은데 사람이 되는 거 같아요."

"그냥 쓱쓱 하는 게 아니고, 어려서부터 오랫동안 그려왔기 때문에 손에 익어서 그래."

"어려서부터요? 몇 살 부턴데요?"

"우리 하나 하진이 만할 때부터."

"그럼 배우신 거예요?"

"처음에는 그림 그리는 게 좋아서 혼자서 보고 따라 그리기를 많이 했고, 선생님은 어른이 되어서 만났어."

둥이들의 작업실 입장을 허락한 순간부터 사실상 작업은 끝난 셈이다. 오늘은 그냥 할배가 하는 일에 대한 호기심을 해소시켜줄 생각이다.

"이렇게 그려야겠다고 생각하고 그리는 거죠?"

"맞아. 오늘은 우리 하나 하진이와 무엇을 했고, 그중에서 어떤 게 가장 기억에 남았는지를 생각하면 그 모습이 머릿속에 떠올라. 그중에서 이건 정말 좋은데 라고 생각한 것을 그림으로 옮기는 거야. 하나 하진이도 한글 다 배우고 나면, 그날그날 가장 기억에 남은 이야기들을 그림이나 글로 남겨봐. 그걸 일기라고 하는 거야."

"일기를 쓰는 사람들이 많아요?"

"많지!"

"왜 쓰는데요?"

"음, 나중에 자기가 한 일들이 기억에서는 사라져도 글이나 그림으로 남긴 것은 남아 있잖아. 그걸 보면서 내가 전에는 할아버지 말도 잘 듣고 뽀뽀도 잘해줬는데 지금은 안 하는구나 하고 반성도 하고….”

"에이! 뽀뽀 그런 게 어디 있어요? 그리고 그딴 걸 왜 반성을 해요?”

"전에는 할아버지 말도 참 잘 들었는데 지금은 떼만 쓰는구나! 하고 반성을 하게 되는 거야.”

"떼쓰는 건 어릴 때나 하는 거죠!”

"지금은 안 그런다고요!”

"우리 하나 하진이가 뭔가 찔리는 게 있나본데! 할아버진 그냥 그럴 수 있다고 예를 든 것뿐인데 왜 이렇게 난리지?”

"할아버지는 장난꾸러기 맞아요!”

"지금도 장난 치시는 거죠?”

할배는 잘 하다가도 늘 이렇게 엉뚱한 곳으로 둥이들을 안내한다.

"저도 할아버지처럼 그려보고 싶어요.”

딸 둥이가 이쯤에서 작업실 견학을 끝내고 체험을 하고 싶단다. 할배는 기꺼이 종이 한 장씩과 연필 하나씩을 나눠준다.

"지금부터 거실에 나가서 서로 상대방을 그려주기 하는 거야."

"모델을 그릴 때는 가장 특징적인 게 무엇인지 먼저 볼 줄 알아야 돼."

"얼굴이 큰지 작은지, 눈이 큰지 작은지, 머리가 길거나 짧은지, 몸이 뚱뚱하거나 날씬한지를 잘 살펴보도록 해."

할배의 말에 둥이들은 서로를 진지하게 살펴본다. 오늘의 계획에는 전혀 없던 그리기 놀이다. 할배의 그림일기에 남겨야겠다.

그러지 마,
할아버지 깨셔!

둥이들이 할머니가 만들어준 간식을 먹고 있다. 할배는 마음이 바빠진다. 간식을 먹고 나면 분명히 할배를 찾을 거라는 생각에서다. 하던 일도 마무리해야 하고 그림도 여유 있게 그려 놓고 하루쯤 시간 내어 가까운 곳에 꽃구경이라도 다녀올 생각이다. 갑자기 피곤이 몰려온다. 컴퓨터 모니터에 집중은커녕 졸음이 눈꺼풀에 매달려 사정없이 잡아당긴다. 할배는 그렇게 의자에 앉은 채로 잠들어버렸다.

얼마나 졸았을까! 부스럭거리는 소리도 들리고, 둥이들 소곤거리는 소리도 들리는 것 같다. 할배는 여전히 수면모드인 척 그 어떤 기척도 없이 방안 분위기를 탐지하기 시작한다. 작업실이 분명한데 둥이들이 들어와서 놀고 있는 게 아닌가. 짐작컨대 간식을 먹고 난 후 할배를 부르러 왔을 것이다. 의자 등받이에 몸을 기대고 잠든 할배를 차마 깨울 수 없어서 깨어나기를 기다리며 놀고 있는 것으로 여겨진다.

"그건 내 거야!"

"내가 빨간색이었다고!"

"쉿! 조용히 해. 할아버지 깨시면 여기서 못 놀아!"

무얼 하나 했더니 색종이 접기를 하면서 놀고 있는 중이다. 할배 깨면 여기서 못 논다는 아들 둥이의 말에 하마터면 웃음이 터질 뻔했다. 행여 할배가 깰까 조심스럽게 음소거 모드로 놀고 있는 중이다. 할배는 이 상황이 주는 묘한 긴장감과 재미를 느껴 좀 더 즐겨보기로 마음먹었다. 할배는 아주 조심스럽게 고개를 돌려 현재 상황을 체크해본다. 방안 가득 색종이가 널브러져 있고, 아들 둥이는 색종이를 가위로 자르고 있다.

"하나야! 연필 좀 줘."

"나한테 연필 없어."

"할아버지 책상에 있잖아."

"네가 가져가."

둥이들의 대화는 여전히 조심스러운 속삭임으로 이어진다. 거실에서 편하게 놀면 더 좋을 텐데 할배 곁에서 숨죽여 가며 노는 게 왜 좋은 건지 알 수가 없다. 아들 둥이가 책상 위의 연필을 가져가기 위해 다가온다. 연필 한 개를 집어 들고는 천천히 할배를 들여다보고 있음이 느껴졌다.

"하나야, 이리 와봐. 할아버지 눈동자가 움직이는 것 같아."

"그러지 마. 할아버지 깨셔!"

"아냐, 어쩌면 할아버지가 잠자는 척하는 건지도 몰라."

관찰력이 뛰어난 아들 둥이 때문에 할배가 진퇴양난에 빠져버렸다. 상황이 너무 웃겨서 터져 나오려는 웃음을 참는 것이 정말 고역이다. 정말 강적이다. 더 이상은 참을 수가 없다.

"어흥!"

큰소리로 어흥을 외치며 백기를 들고 말았다.

"내가 그럴 줄 알았다고요! 역시 할아버지는 장난꾸러기야!"

놀라 뒷걸음질 하던 아들 둥이가 자신의 예상이 맞았음을 즐거워한다.

"아니 그런데 이게 다 뭐야? 누가 할아버지 방에서 놀아도 된다고 했어? 누구야? 도대체 누가 여기서 놀라고 한 거야?"

둥이들이 대답 대신 서로의 얼굴만 쳐다본다. 할배가 깨어 났으니 놀이판은 거실로 옮겨야 한다. 둥이들의 손놀림이 바빠진다. 시간을 보니 20분 정도 쪽잠을 잔 것 같다. 할배 잠에 방해될까 조심스럽게 놀아준 둥이들이 고마운 날이다. 두어 시간 진하게 놀아줘야겠다.

할아버지, 시원해요?

할배가 허리가 아프다며 거실 한복판에 엎드린다. 그냥 지켜볼 둥이들이 아니다. 고사리 손으로 두드리고 주무르며 할배를 기사회생 시키려고 안간힘을 쓴다.

"더 세게!"

말 한마디에 두드림의 강도가 2에서 5로 급상승한다. 제법 시원하다. 이쯤 되면 고사리 손을 졸업하고 약손으로 승급시켜야 한다고 생각한다.

"할아버지, 시원해요?"

"그럼! 엄청 시원하지."

"5분만 더 하면 다 나을 거 같은데!"

둥이들의 할배 살리기는 계속된다. 힘이 빠지는지 강도가 5에서 4로, 다시 3으로 점점 떨어진다. 할배는 이쯤에서 둥이들의 수고에 대한 보상을 생각해야 한다.

"어휴 고마워! 우리 둥이들이 할아버지를 살렸어. 보답으로 할아버지가 맛있는 거 해줘야겠다."

둥이들은 자신들의 힘으로 할배의 건강을 지켜낸 것에 대한 자부심과 그로 인한 보상에 힘들었던 시간을 바로 잊어버린다.

여우 같은 할배다. 둥이들 간식 메뉴를 미리 생각해 두었으면서 안마서비스에 대한 상품으로 둔갑시킨다. 할배가 입이 귀에 걸려 둥이들 먹일 초코 스무디를 준비한다. 평소보다 특별히 초콜릿 분말 한 스푼과 할배 사랑 한 스푼 추가다.

야채도
잘 먹어요

저녁 식사를 위해 둥이네 가족과 함께 식탁에 앉았다. 할배는 가족이 한자리에 둘러앉아 식사하는 것을 좋아한다. 특별한 날이 아님에도 3대가 같은 식탁에 모여 앉을 수 있음은 할배가 누리는 큰 복 중 하나임에 분명하다. 할배 옆자리는 주로 딸 둥이가 차지한다. 딸 둥이가 밥을 먹다 말고 무언가를 할배 밥그릇으로 옮겨 놓는다. 콩이다.

"하나야! 이 맛있는 콩을 왜 할아버지한테 주는 거야?"
"저는 콩을 별로 안 좋아해요."

"이게 얼마나 맛있는 건데! 그러지 말고 딱 한번만 먹어 봐. 정말 고소하고 달콤하고 맛있거든."

할배의 강요에 가까운 부탁에 쭈뼛거리더니 밥 위에 콩 하나를 조심스럽게 올려놓는다.

"정말 딱 한번만 먹어볼래요."

딸 둥이가 콩 한 개를 올린 밥을 입에 넣고는 얼굴을 찡그린다.

"천천히 꼭꼭 씹어 먹어 봐. 점점 고소한 맛이 느껴지거든."

입을 오물거려 몇 번 씹는가 싶더니 꿀꺽 삼키고는 물컵을 집어 든다.

"하나가 밥에 있는 콩은 안 먹어도 두부는 정말 잘 먹어요."

둥이 엄마가 콩 관련 식품을 모두 싫어하는 것이 아님을 알려준다. 아들 둥이가 할배 보란 듯이 콩 섞인 밥을 크게 한 숟가락 떠서 먹는다. 딸 둥이와 다르게 편식하지 않음을 칭찬해 달라는 신호다.

"하진이가 축구 잘하는 이유를 알겠다. 저렇게 가리지 않고 잘 먹으니까 힘이 센 거야!"

아들 둥이를 칭찬하자 딸 둥이의 표정이 삼시간에 변한다. 그러거나 말거나 아들 둥이가 이번에는 야채샐러드를 집더니 입으로 가져간다. 딸 둥이가 못하는 것을 하고 있다는 우월감을 드러낸다.

"나도 야채 먹을 수 있거든!"

딸 둥이가 야채를 입으로 가져가더니 주춤하며 무언가를 찾고 있다. 딱히 좋아하는 야채가 없는지라 그중에서 만만해 보이는 것을 고르는 중이다. 손가락 한마디만 한 상추를 집더니 입에 넣고 천천히 맛을 본다. 표정이 오묘해진다.

"이야! 우리 하나가 야채도 정말 잘 먹는구나! 키도 커지고 힘도 세지겠는걸!"

타이밍을 놓치지 않은 할배의 칭찬에 금방 좋은 기분으로 돌아왔다.

"할아버지! 근데 야채를 먹으면 정말 힘이 세지나요?"

"그럼! 뽀빠이가 즐겨 먹는 게 시금치인 거 모르지?"

"뽀빠이?"

둥이들은 아직 할배 세대의 전설적인 캐릭터인 뽀빠이를 모른다.

"뽀빠이의 여자 친구 올리브가 '뽀빠이 도와줘요!' 하고 외치면 짠! 하고 나타나서 나쁜 사람들을 물리치잖아! 그뿐인 줄 알아. 육지에서 가장 크고 힘센 동물인 아프리카 코끼리와 기린,

하마, 말코손바닥 사슴, 코뿔소도 모두 채식 동물이야."

다른 가족들이 모두 식사를 마쳤는데도 할배와 둥이들은 식사를 핑계로 동물들까지 소환해가며 놀고 있다. 그리고 며칠이 지났다. 둥이 엄마에게서 짧은 영상 하나가 ○톡으로 배달되었다. 딸 둥이가 상추에 삼겹살을 싸서 먹는 장면이다. 상추를 통째로 먹는 장면을 영상으로 찍어 할배에게 보내주라는 딸 둥이의 요청이 있었단다.

왜 하나만
좋은 거 하냐고요

둥이들은 늘 경쟁을 한다. 경쟁하는 모습이 간혹 겉으로 드러나 보이기도 하지만 대부분은 거의 느끼지 못할 때가 많다. 둥이들이 할배에게 오면 작은 다툼 하나라도 일어나지 않게 하기 위해 늘 신경을 곤두세운다. 그럼에도 다툼은 완벽하게 차단되지 못한다. 그럴 때 할배는 다툼의 원인을 알기 위한 원인 규명에 나선다. 둥이들이 다툰 이유를 들어보면 정말 아무것도 아니어서 '이게 싸워야 할 일이라고!'라는 생각이 들 정도로 아주 작고 사소한 일들이 대부분이다.

둥이들은 늘 관심과 사랑의 중심이 자신이길 원한다. 이 부분은 둥이들만 그런 것이 아님을 잘 안다. 할배가 말하고자 하는 것은 정도의 차이다. 둥이들이 가장 좋아하는 사람은 엄마다. 엄마를 사이에 두고 눈에 보이지 않는 치열한 경쟁을 벌인다. 가족이 식탁에 앉아 식사를 할 때도 엄마의 옆자리를 차지하기 위한 경쟁을 한다. 엄마 옆이라고 해서 특별한 대접을 받는 것이 아님에도 옆자리를 고집한다. 둥이 엄마는 누구의 옆도 아닌 마주 앉는 것으로 엄정 중립을 표명한다. 그러면 거리상 누가 더 가까이 있는지를 따져가며 우위를 점하려고 한다. 이런 모습은 잠을 잘 때도 그대로 나타난다. 둥이들의 잠자리는 자연스럽게 엄마의 양 옆이다.

할배도 간혹 난처함에 빠지곤 한다. 자동차 놀이에 열중하는 아들 둥이를 곁에 두고 딸 둥이와 이야기 삼매경에 빠질 때가 있다. 딸 둥이는 장난기 가득한 할배의 이야길 재밌어한다. 등장인물들을 둥이들과 할배로 각색한 변형된 손오공 이야기를 특히 좋아한다. 할배의 배역은 당연히 삼장법사다. 주인공 손오공의 배역을 딸 둥이에게 주고, 아들 둥이에겐 저팔계나 사오정을 맡긴다. 할배가 들려주는 손오공을 재미있게 잘 듣던 아들 둥이가 컴플레인을 건다.

"왜 하나는 손오공이고 저는 웃기는 저팔계나 사오정인가요?"

자동차 놀이에 열중하면서도 귀의 주파수는 할배의 이야기에 맞추어져 있었던 거다.

"그래서 이야기가 재미없었던 거야?"

"그건 아닌데 왜 하나만 좋은 거 하냐고요?"

"좋고 나쁜 게 어디 있어? 등장인물 모두가 개성 있고, 하는 역할이 얼마나 중요한데! 저팔계나 사오정이 빠져도 재미 하나도 없을걸!"

할배의 말에 반박이 궁색해진 아들 둥이가 또 다른 건으로 컴플레인을 이어간다.

"그런데 왜 할아버지는 하나 하고만 이야기해요?"

"너는 자동차 놀이를 하면서 할아버지 이야길 다 들었잖아? 할아버진 너희들 모두와 이야기 한 거야."

재반박의 논리가 궁색해진 아들 둥이가 못들은 척 놀이에 열중한다.

"어제 하나는 줬는데 하진이는 주지 못한 거 지금 줘야겠다."

무언가 준다는 말에 아들 둥이가 할배를 쳐다본다.

"이리 와! 할아버지가 어제 하진이 뽀뽀를 못 해줬는데 지금 해줘야지."

아들 둥이가 손으로 입을 가리며 웃는다. 그냥 웃어넘길 이야기지만 이 또한 둥이들의 경쟁이 만든 에피소드다.

둥이들은 자신들을 부르는 호칭에도 민감하게 반응한다. 딸 둥이에게 '예쁜 하나'라고 하면 아들 둥이는 '씩씩한' 또는 '멋진'이 반드시 들어가야 한다. 이처럼 사소한 듯 보이는 모든 상황에서 치우침 없는 균형을 맞춰주어야 한다. 이런 가족들의 노력에도 불구하고 둥이들은 끊임없이 경쟁한다. 먹는 것, 입는 것, 선물, 심지어 키와 몸무게도 경쟁을 한다. 제대로 아는 배움에 대한 경쟁도 해주길 할배는 기다린다.

꼭 저도
주셔야 해요!

할배 집에는 딸 둥이가 즐겨찾기 1호로 등록해둔 곳이 있다. 할배 작업실이냐고? 절대 아니다. 할배의 작업실은 철저하게 통제 구역으로 분류되어 있다. 연필이나 지우개를 빌린다거나, 그림을 그릴 스케치북을 달라고 할 때가 아니면 출입 불가다.

딸 둥이가 좋아하는 최애 장소는 바로 안방의 할머니 화장대다. 화장을 하기 위해서가 아니라 화장대 서랍 안에 있는 액세서리를 보기 위함이다. 서랍을 열면 딸 둥이가 좋아하는 반짝거리는 액세서리가 종류별로 다양하게 준비되어 있다. 오늘도 화장을 하며 외출 준비를 하는 할머니 옆에 착 붙어 앉아있다. 조금의 망설임도 없이 화장대 서랍을 열어 진주목걸이 하나를 꺼내든다.

"할머니! 이건 누구한테 선물 받으신 거예요?"

"글쎄, 누구한테 받았을까!"

"할아버지 아닐까요?"

"아냐! 할아버지는 이런 거 안 사줘."

"할아버지는 할머니한테 선물 같은 거 안 줘요?"

"주긴 주는데 어쩌다 한번 반지 같은 거!"

"진짜 금으로요?"

"응! 할아버지는 자주 주지는 않는데 줄 땐 금으로만 줘."

"우와! 할아버지가 최고네요!"

소파에 누워서 듣고만 있던 할배 생각엔 딸 둥이가 최고다. 횟수가 무슨 상관인가. 진짜를 준다는 게 핵심인 거다.

"그럼 이 진주목걸이는 누가 주었을까요?"

잠시 할배의 금반지로 흘렀던 대화가 진주목걸이로 되돌아왔다.

"정확하진 않지만 할머니 생각엔 이모가 준 것 같기는 해."

"이거 저 주시면 안돼요? 너무 갖고 싶어요."

"저번에도 할머니가 목걸이 하나 준 것 같은데…."

"네! 맞아요. 그런데 이것도 갖고 싶어요. 저 주세요. 네?"

진주목걸이를 얻기 위한 딸 둥이의 애교 필살기가 총동원된다.

"줄 수는 있는데 그거 가짜 진주야."

"괜찮아요. 가짜라도 진짜처럼 너무 예뻐서 갖고 싶어요."

이쯤 되면 딸 둥이의 승리다. 할머니는 못 이기는 척 딸 둥이의 목에 목걸이를 걸어준다.

"고맙습니다. 할머니 최고! 저 그런데 다음에는 할아버지가 선물했다는 반지들 보고 싶어요. 보여주실 거죠?"

할머니가 어이없어 하며 딸 둥이를 바라본다.

"달라고 안 하고 정말 구경만 할게요. 그리고 진짜 궁금한 게 있어요."

"또 뭐가 그렇게 궁금해? 이젠 아무것도 궁금해 하지 않아도 돼."

"할머니가 아끼는 보석들, 누구 주실 거예요?"

"주기는 누굴 줘? 할머니 건데!"

"그래도 이다음에 할머니가 나이 많아서 죽으면 누가 가져가잖아요!"

"할머닌 안 죽을 거야."

"안 죽는 사람은 아무도 없대요. 딸이나 며느리, 자식들한테 준다는데 할머니는 누구한테 주실 거예요?"

급작스러운 딸 둥이의 상속 도발에 할머니의 표정이 참 오묘해졌다. 어이가 없는지 대꾸도 없이 딸 둥이를 바라본다.

"엄마나 이모는 당연히 주실 거 같고, 저도 주셔야 해요! 꼭이요! 꼭 저도 주셔야 해요!"

딸 둥이는 할머니의 유산 상속 대상에 자신을 슬그머니 끼워 넣는다. 어느 날 갑자기 공증 받으러 가자고 할지도 모르겠다.

좋았던 건지 아닌 건지
그걸 잘 모르겠어요!

할배가 둥이들에게 자주 하는 유치한 질문이 있다.

"우리 하나, 하진이는 누가 제일 좋아?"

이렇게 묻는 할배가 듣고 싶은 답은 처음부터 정해져 있다. 둥이들은 할배를 실망시키지 않고 답을 해준다. 가장 좋아하고 사랑하는 대상은 늘 할배 차지다. 그런데 천지가 개벽을 해도 변함없을 것 같던 할배의 물음에 대한 답변에 어느 날 갑자기 문제가 생기기 시작했다.

"우리 하나는 누가 제일 좋아?"

딸 둥이가 대답 대신 할배를 빤히 쳐다본다. 방아쇠를 당기면 발사되는 총알처럼 자동 반사적으로 나와야 할 대답에 뜸을 들인다. 문제가 생긴 것이다. '뭐지?' 할배가 닦고, 조이고, 기름을 쳐야 한다는 관리 기본 수칙에 충실하지 못했나를 먼저 생각해본다. 그건 분명 아니다. 할배가 다른 건 몰라도 둥이들 사랑만큼은 단 한 번도 소홀해본 적이 없다. 이상 기류에 대한 조급함에 다시 묻는다.

"우리 하나는 누가 제일 좋아?"

"이모!"

전혀 예상치 못한 대답이며 사고다. 세상에 하나뿐인 이모를 좋아하긴 했지만 지금은 볼 수도 만날 수도 없다. 멀리 미국에 살고 있어서 아주 드물게 화상통화로만 서로의 안부를 묻는 것이 전부다. 할배는 예상치 못한 충격에서 벗어나려 안간힘을 쓰며 다시 묻는다.

"그럼 이모 다음은 누구야?"

"음… 엄마, 아빠, 할머니, 할아버지, 하진이…."

이모를 제일 좋아한다는 답변을 듣고 멈췄어야 했다. 할배를 마지못해 뒤에 슬쩍 끼워 넣는다. 할배는 구겨진 자존심을 팽개치고 한 질문을 후회하고 있다. 충격이 너무 커서 그로기

상태가 되었다. 언제나 당연한 듯 좋아하는 순서의 가장 앞자리는 영원히 변하지 않을 것만 같았다. 권좌에서 강제로 밀려 실각한 권력자의 심정이 이런가 보다. 두 달 후에 한국에 온다는 이모의 영향력이 대단함을 새삼 느끼며 일단 후퇴한다.

손주 사랑의 권좌에서 밀려난 할배는 마음을 추스르고 목표물에 변화를 준다. 이번엔 아들 둥이다. '하진아! 제발 너만이라도!' 간절함과 기대를 꾹꾹 눌러 담아 묻는다.
"하진이는 누가 제일 좋아?"
눈치 빠르고 영악한 아들 둥이는 할배를 실망시킨 적이 거의 없다.
"다 똑같아요."
이 또한 기대 가득한 할배의 예상을 한참 벗어난 답변이다. '하진이 너마저!'라는 생각과 함께 할배전성시대가 끝나감을 직감한다.
"다 똑같이 좋은데 할아버지가 제일 좋다고 말해야 좋아하시잖아요."
그랬다. 할배는 순위 매김의 가장 앞자리를 좋아한다. 앞자리에 대한 양보는 물론 공유조차도 생각해본 적이 없다. 오직 할배만의 자리이며 절대 불변의 영역이라고 생각했었다.

"너희들 어제까지만 해도 할아버지가 제일 좋다고 했잖아? 그거 다 거짓말이었어?"

"거짓말은 아닌데 할아버지가 그런 대답을 좋아하시니까…."

'하진이! 네가 어떻게~!' 앞서 딸 둥이에게 밀리는 듯한 할배를 보면서 자신감이 생겼는지 소신 발언을 한다.

할배는 궁지에 몰리다 못해 쥐구멍이라도 찾아야 할 지경에 이르고 말았다. 이젠 최후통첩의 시간이다.

"잘될지 모르겠지만 할아버지도 제일 좋아하는 사람을 바꿔야겠다."

이쯤 되면 무조건 반응이 있어야 한다. 할배는 최후통첩에 대한 반응을 즐길 준비가 되어 있다.

"다 알아요! 할아버지는 할머니를 제일 좋아하시잖아요!"

"그리고 예준이 오빠도, 이모와 엄마도…."

이번에도 듣고 싶은 답변이 아니다. 할배가 최애 순위 매김에 변화를 주겠다고 하면 '그건 절대 안돼요!'가 나왔어야 했다. 이젠 더 이상 구겨질 자존심도 없이 산산조각이 나버렸다.

더 이상의 질문이 소용없음을 느끼면서도 할배는 여전히 미련을 버리지 못한다. 무척 끈질긴 할배다.

"그전에는 왜 할아버지가 제일 좋았는지 이유를 듣고 싶어."

"잘 모르겠어요. 좋았던 건지 아닌 건지 그걸 잘 모르겠어요!"

여섯 번째 생일을 5개월 정도 남겨둔 둥이들과의 밀당 싸움에서 기분 좋게 완패한 날이다. 할배를 능가하는 고수들이 되어간다. 할배의 우선순위 회복을 위한 연구가 많이 필요함을 숙제로 떠안은 날이다.

할아버지가 잘못했네!

"다녀왔습니다!"

 인사말과 함께 현관문 쪽이 요란해진다. 예정에 없던 둥이들의 방문이다. 하던 일을 멈추고 달려 나간 할배에게 어린이집에서 편지를 썼다며 건네준다. '할아버지 사랑해요'로 시작한 편지는 다음 줄에서 읽기를 멈춰야 했다. 지금껏 한번도 보지 못한 맞춤법과 새롭게 쓰인 훈민정음을 마주한 순간이다. 함께 온 둥이 엄마는 알 수 있겠다 싶어 묻는다.

 "이게 뭐라고 쓴 거냐?"

 "저도 몰라요. 애들한테 읽어달라고 하세요."

다시 한 번 편지와 둥이들을 번갈아 본다. 할배 머리로는 해석 불가다.

"하진이가 먼저 읽어줄래?"

아들 둥이가 그것도 못 읽어서 읽어달라고 하느냐는 듯 씩 웃어 보이더니 할배 손에서 편지를 가져간다.

'할아버지 사랑해요. 저희들과 재미있게 잘 놀아주셔서 감사합니다. 그리고 제가 잊어버리라고 한 거 빨리 잊으세요. 나쁜 건 빨리 잊어야 좋은 거래요. 그리고 매일 매일 할아버지랑 많이 놀고 싶어요.'

"할아버지가 다 잊었었는데 편지 때문에 다시 생각났다!"
"안돼요! 그냥 잊으시라니까요!"
"할아버지 자동차에 돌! 다시 생각난 거죠?"

딸 둥이가 기회를 놓치지 않고 거든다.

할배는 읽기를 마친 둥이의 편지를 다시 건네받아 크로스체크를 해본다. 신기하게도 처음 보았을 때보다 읽을 수 있는 글자 수가 늘었다. 중간 중간 받침이 빠졌거나 뒤집어서 거꾸로 쓰긴 했지만 거의 맞는 내용인 것 같다. 이번에는 딸 둥이의 편지 내용을 들어볼 차례다.

"자, 하나도 편지 읽어줘야지!"

할배의 요구에 딸 둥이의 표정이 오묘해진다. 딸 둥이의 편지는 아들 둥이보다 이해의 난이도가 한 차원 더 높다.

"어려운데…."

쓴 당사자가 어렵단다. 그러니 읽어야 하는 할배는 얼마나 어려웠을까!

"어렵기는. 네가 쓴 건데 뭐가 어려워? 그리고 어려운 거 있으면 아는 것만 읽어도 돼."

"그럼 말이 앞뒤가 안 맞잖아요?"

"괜찮아. 할아버지가 이해하면서 들으면 돼."

더는 피해갈 수 없음을 직감했는지 딸 둥이가 입을 앙 다물고는 편지지를 노려본다. 모두의 시선이 딸 둥이에게 모아졌다.

"할아버지! 안…녕…하세요. 하나가… 할아버지께…. 하진아! 이게 무슨 글자야?"

딸 둥이가 더듬으며 읽어가던 편지를 아들 둥이에게 들이대며 묻는다.

"네가 쓴 걸 너도 모르는데 내가 어떻게 알아?"

모두들 기다렸다는 듯 웃음이 터져버렸다. 웃어버리는 주위의 반응에 민망해진 딸 둥이의 표정이 금방 울상이 되어간다.

"할아버지가 잘못했네! 편지를 받았으면 할아버지가 알아서 읽으면 되는데 굳이 쓴 사람한테 읽어달라고 하다니."

둥이 엄마가 급히 사태 수습에 나선다.

"할아버지가 미안해!"

"하나가 공들여 쓴 편지도 읽을 줄 모르고. 잘못했으니까 할아버지 손 번쩍! 만세 5분! 하세요."

할머니도 옆에서 한마디 거든다. 할배는 주먹을 쥐고 손바닥을 앞으로 향하게 하여 양손을 머리 양옆에 붙인다. 두 번째 손가락 하나를 펴고 벌칙 수행을 한다. 할배의 벌칙 수행을 보던 딸 둥이가 달려와 머리 양옆의 손을 머리 위로 잡아당긴다.

"벌을 똑바로 받지 않으면 절대로 용서 못해요!"

딸 둥이의 단호함에 할배집은 다시 웃음바다가 되었다. 할배가 벌을 받아 마땅한 날이다.

첫사랑이 누구야?

'옛날에 옛날에 우리 할머니~ 꽃 같은 처녀일 적에~ 연지곤지 찍고 족두리 쓰고 어여쁜 꽃가마 타고 시집가는 꿈만 꾸다가 호랑 할머님께 야단 맞았네~'

　오늘 어린이집 등원 중 할배의 레퍼토리는 〈옛날이야기〉라는 노래다. 2절에서는 할머니 대신 할아버지의 글방 도련님 시절이 나오고 글방 선생님께 야단맞는다는 가사와 리듬이 재미있는 노래다. 가끔은 지나가는 이야기처럼 할배의 어린 시절을 둥이들에게 들려주기도 한다.

"하진아, 너는 첫사랑이 누구야?"

딸 둥이가 할배의 노래가 끝나자마자 갑자기 아들 둥이에게 뜬금포를 날린다. 아들 둥이가 당황한 기색이 역력한 표정으로 딸 둥이를 쳐다본다.

"그런 거 없거든!"

"있잖아! ○○○ 좋아하잖아!"

"첫사랑 아니고 그냥 친구야!"

"○○○이 누군데? 어디 살아?"

할배가 이런 흥미로운 빅 찬스를 놓칠 리 없다. 바로 끼어든다.

"어린이집에서 인기가 정말 많은 애고요. 여기 ○○아파트 살아요."

"○○○이 정말 예쁜가 보구나."

"아니라고요! 그냥 친구라고요!"

아들 둥이가 할배까지 가세한 놀림에 짜증을 낸다.

"할아버진 ○○○이 예쁘냐고 물어본 건데 왜 짜증을 내?"

"나 놀린 거잖아요!"

"아냐, 할아버진 그냥 예쁜지 어떤지만 궁금했을 뿐이야."

"씨~이 놀린 거 맞잖아요! 기분 나빠요."

"할아버진 첫사랑 이런 얘기 한 게 아냐. 우리 하진이 여자 친구가 궁금한 것뿐이지."

아들 둥이의 첫사랑 이야기로 웃고 떠드는 사이에 어린이집에 도착했다.

"오늘도 친구들 하고 즐겁고 사이좋게 놀다 와."

첫사랑 이야기는 나이 불문하고 사람을 집중하게 만드는 힘이 있는 것 같다. 여섯 살 둥이들의 첫사랑 이야기에 공연히 할배도 설렌다. 이날 이후에도 둥이들과 ○○아파트 앞을 지나갈 때면 ○○○을 소환하곤 한다. 그러던 어느 날, 하원을 시키기 위해 어린이집에 갔다가 ○○○을 보았다. 누구에게나 친절하고 상냥하다는 예쁜 아이다. 할배의 기대 수명이 늘어났다. 둥이들 대학생 될 때까지였던 기대 수명이 시집장가 갈 때까지로 늘은 것이다. 좀 더 있으면 증손자 볼 때까지로 늘어날지도 모르겠다.

제가 이긴 건
맞잖아요?

아들 둥이는 틈만 나면 할배에게 도전을 한다. 팔씨름, 축구, 윗몸 일으키기, 팔 굽혀 펴기에 이어 달리기를 하자고 한다. 올 것이 오고야 말았다. 할배는 승부에서 절대로 봐주는 법이 없다. 봐주기는커녕 끊임없이 자극해 승부욕을 갖게 만든다. 지금까지의 대결들은 할배가 승률이 높다. 달리기 대결을 위해 둥이들과 함께 강변 체육공원으로 향한다.

"할아버지보다 빨리 달릴 수 있어?"
"이길 거예요!"

"빨리 달릴 수 있느냐고 물었지, 이길 수 있느냐고 물은 게 아닌데."

"무조건 이길 거예요!"

"만약에 하진이가 지면 어떡하지?"

"절대로! 절대로, 절대로 그럴 일 없어요!"

"그래도 지면 어떡할 거냐고?"

"저어얼대 안 진다니까요!"

"할아버지가 지면 자동차 그림 프린트 해줄 건데, 하진이가 지면 뭐 없어?"

"지지 않을 거니까 생각 안 해봤어요."

"할아버지가 이길지도 모르니까 빨리 생각해봐!"

"정말 안 진다니까요!"

"할아버지! 저도 달리기 시합해도 돼요?"

할배와 아들 둥이의 대화를 듣고만 있던 딸 둥이가 갑자기 참전 의사를 밝힌다.

"하나는 달리기 하는 거 안 좋아하잖아?"

"할아버지가 하진이만 프린트 해준다고 하셨잖아요!"

"응 그거! 할아버지가 이길 거니까 신경 쓰지 않아도 돼."

"흥! 제가 무조건 이길 거예요."

아들 둥이에게 승부욕이 있는 줄은 알았지만 정말 대단하다. 할배의 어떤 말에도 '닥치고 이긴다'로 응수한다.

할배와 둥이들, 그리고 심판으로 수고해줄 할머니까지 강변 체육공원 농구 코트에 도착했다.
"자, 여기서 시작해서 저쪽 농구 골대 터치하고 돌아오는 거야! 시합은 딱 한번만 하고 끝내는 거야. 졌다고 다시 하자고 떼쓰기 없기로 약속해."
"좋아요! 할아버지가 지면 자동차 그림 프린트 해주셔야 돼요!"
"할아버지가 이길 거니까 그런 생각은 안 해도 돼!"
승부를 앞둔 할배의 심리전은 멈출 생각이 아예 없다.

아들 둥이와 할배가 출발선에 나란히 섰다. 아들 둥이가 반환점인 반대편 농구 골대를 바라보는 표정이 사뭇 진지하다.
"준비, 땅!"
할머니의 출발 신호가 떨어지자마자 아들 둥이가 쏜살같이 뛰어나간다. 승부는 처음부터 결정된 것이나 마찬가지다. 할배의 유일한 취약 종목이 달리기다.

"할아버지 이겨라! 할아버지 이겨라!"

딸 둥이의 응원을 들으며 할배는 그대로 바닥에 주저앉아 왼쪽 신발을 벗었다. 아프다고 엄살을 부리며 다리를 주무르기 시작했다. 딸 둥이와 할머니가 할배 곁으로 달려오고, 앞서 달리던 아들 둥이가 이상한 낌새를 느꼈는지 반환점 근처에서 뒤를 돌아본다. 할배는 더 심하게 엄살을 떨며 아들 둥이를 살폈다. 걸어서 반환점을 터치하고 걱정스런 표정으로 할배에게 다가온다.

"할아버지! 다리 다치셨어요?"

"응. 다리에 갑자기 쥐가 나서…."

갑자기 쥐가 나서 시합을 못 했으니 무효라고 우기려는 할배의 꼼수다.

"그래도 제가 이긴 건 맞잖아요?"

"이건 심판한테 물어봐야 하는데!"

할배는 심판인 할머니에게 눈을 찡긋해보였다.

"맞아. 이건 무효야. 갑자기 다쳐서 못한 거잖아!"

딸 둥이가 할배편이 되어 거든다.

"아냐. 내가 이긴 거야. 할머니, 빨리 말해주세요. 내가 이긴 거라고! 그리고 내가 다 봤어요. 할머니한테 눈을 찡긋했잖아

요! 나 속이려고 그러는 거 다 알아요!"

어떤 꼼수에도 승부의 결과만은 포기하지 못한다는 아들 둥이의 집념이 대단하다.

"그래! 하진이가 할아버지를 이겼어. 출발 전에 다친 게 아니고, 출발하고 나서 다쳤기 때문에 할아버지가 기권한 거나 마찬가지야."

심판인 할머니가 최종 판정을 내려주었다. 아들 둥이가 좋아서 어쩔 줄 몰라 한다.

"분하다. 다리에 쥐만 안 났어도 이길 수 있었는데!"

할배는 군복무 시절 다리를 다쳐서 달리기 자체를 할 수 없는 몸이다. 달리고 싶어도 달릴 수가 없다. 그동안 이겼었던 모든 시합의 결과를 달리기 한 번으로 빚을 갚은 셈이 되었다. 아들 둥이는 프린트 할 자동차 그림을 고르느라 정신이 없다. 딸 둥이가 왜 져서 속상하게 만들었냐는 원망 섞인 표정으로 할배를 쳐다본다. 예쁜 보석 사진을 프린트 하고 싶다던 딸 둥이다. 할배는 딸 둥이에게 눈을 찡긋해보였다. 할배가 눈치껏 프린터 해줄 테니 걱정 말라는 신호다. 져준 게 아니라 정말 진 것이어서 기분 좋은 날이다.

혹시 하진이 친구?

거실 가득 널브러진 색종이들로 집이 어수선하다. 둥이들이 자르고, 접고, 붙이는 색종이 놀이를 한다. 풀, 가위, 테이프, 색종이, 스케치북, 연필, 지우개 등 당장 눈에 띄는 물건들만 나열해도 이만큼이다. 둥이들은 즐거운데 할배는 한순간도 긴장의 끈을 놓을 수가 없다. 색종이를 자르기 위해 가위를 집는다. 할배가 가장 긴장하는 순간이다.

"손 조심해!"

걱정은 순전히 할배 몫이다. 연필로 그려진 외곽선을 따라

모양대로 자르기 시작한다. 그 모습이 어찌나 자연스러운지 마치 종이 자르는 일을 오랫동안 해온 숙련된 기능인을 보는 것 같다. 잘라낸 종이에 풀칠을 하고 밑그림이 그려진 스케치북에 붙인다. 둥이들은 스케치북에 연필로 꽃이 피어 있는 정원을 그려 놓고 색칠 대신 색종이를 잘라 붙이는 작업을 하고 있다. 아들 둥이는 비교적 크게 보이는 것들을 하고, 달 둥이는 꽃이나 벌, 나비 같은 작고 예쁜 것들을 나누어 하고 있다. 협업인 셈이다. 비어 있던 공간이 조금씩 채워질 때마다 할배를 부른다.

"할아버지! 이거 어때요? 너무 예쁘죠?"

"이야, 정말 예쁜데! 우리 하나는 누굴 닮아서 이런 걸 잘하는 거야?"

"아마도…."

"아마도 누굴 닮았냐고?"

"할아버지 닮은 거 같기도 한데…."

"할아버지 닮았다는 거야? 안 닮았다는 거야?"

"당연히 닮았지요!"

잠시 밀당 끝에 원하던 만점 답변으로 할배를 붕 띄워준다. 딸 둥이와의 대화를 듣고 있던 아들 둥이가 가만히 있을 리가

없다.

"할아버지! 이 나무 좀 보세요. 여기 새가 앉아 있어요!"

"응! 빨간 새네!"

"혹시 하진이 친구?"

아들 둥이가 새를 보고 친구냐고 묻는 할배를 빤히 쳐다본다. 뭔가를 시도하려는 낌새를 알아차린 듯하다.

"저번에 할아버지 차에 응가하고 도망간 그 새가 맞지?"

딸 둥이가 까르르 웃는다.

"맞아요! 저 새가 바로 그 새 맞아요."

"아냐! 내 친구는 부엉이나 독수리거든!"

"부엉이 맞네! 빨간 부엉이!"

아들 둥이가 어이없다는 표정으로 딸 둥이와 할배를 쳐다본다. 이젠 할배의 장난기 가득한 농담쯤은 아무렇지도 않게 받아낼 정도로 자랐다. 웃고 떠들면서도 스케치북은 잘라낸 색종이들로 거의 채워져 간다.

"이제 끝~!"

딸 둥이가 새가 앉은 나무에 커다란 사과를 몇 개 붙이면서 색종이 잘라 붙이기가 끝났다.

"자 이제 정리하고 간식 먹을 준비하자."

간식의 위력은 대단하다. 마냥 늘어질 정리를 순식간에 해치운다. 이제 손 닦고 간식만 먹으면 되는데 갑자기 딸 둥이가 움직임을 멈추고 손가락을 들여다본다.

"하나야, 왜 그래?"

"종이에 베인 것 같아요."

"뭐! 조심하지 않고?"

할배가 달려가 딸 둥이의 다친 손가락을 본다. 피가 나지 않을 정도로 아주 살짝 베인 흔적이 보인다.

"손 닦고 와서 밴드 붙이자."

정말 끝날 때까지 끝난 게 아니다. 안전이 최우선이라 생각하고 놀이시간 내내 함께 놀아주며 지켜보았어도 할배 가슴을 철렁하게 만들 일이 생겨버린다. 아주 작은 상처여서 얼마나 다행스럽던지!

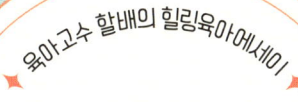

할아버지는 손주바보

아픈 만큼 자란다

'미루나무 꼭대기에 하진이 신발이 걸려 있네~ 다람쥐가 물고 와서 살짝 걸어 놓고 갔어요~ 미루나무 꼭대기에 하나 양말이 걸려 있네~ 까마귀가 물고 와서 살짝 걸어 놓고 갔어요~'

어린이집 등원을 위해 집을 나선 할배가 가사를 바꾼 〈흰구름〉 동요로 즐거운 하루를 위한 분위기를 띄운다. 가만히 듣고만 있을 둥이들이 아니다.

'미루나무 꼭대기에 할아버지 안경이 걸려 있네~'로 시작된 동요는 할배 팬티와 코딱지를 걸어 놓고 나서야 끝난다. 웃고 떠들며 즐겁게 시작한 등원이니 하루가 즐거울 거란 생각이 든다.

할배의 바람과 예상이 모두 적중하는 것은 아닌가 보다. 점심 시간을 겨우 넘긴 오후에 둥이 엄마에게서 전화가 걸려왔다. 딸 둥이가 설사를 하고 열이 있으니 귀가 조치해달라는 어린이집의 연락을 받았단다. 할배는 할머니를 옆에 태우고 급히 차를 몰아 어린이집에 도착했다. 아들 둥이와 함께 가방을 메고 나타난 딸 둥이의 안색이 안 좋다. 반대로 아들 둥이는 아침 컨디션 그대로 씩씩해 보인다. 아들 둥이는 모든 게 정상인 것처럼 보이지만 딸 둥이와 같은 주거 공간에 사는 죄로 동반 하원이다. 딸 둥이의 설사 증상이 만에 하나 전염성 장염인 것에 대비한 예방 차원의 격리 조치인 셈이다. 할배는 집이 아닌 둥이 엄마가 운영하는 약국 2층에 있는 소아과 병원을 향해 가고 있다. 둥이들은 병원을 향해 가는 와중에도 엄마를 보러 간다며 좋아한다.

할머니가 딸 둥이와 함께 병원으로 가고 아들 둥이는 할배와 함께 약국으로 향한다. 아들 둥이는 엄마에게 가서 한번 안

기고는 매장 중앙에 위치한 어린이 용품 진열대로 다가간다.

"아무것도 만지지 않기로 할아버지랑 약속했지!"

장난감 자동차를 집으러 가다가 잠시 멈칫한다.

"만지지 않고 그냥 보기만 할게요."

참 멋진 녀석이다. 약속을 지키려고 애쓰는 모습이 '다 자랐구나!'라는 생각을 갖게 한다.

시간이 제법 지나서야 딸 둥이가 할머니와 함께 약국 출입문을 밀고 들어온다. 요즘은 전염이나 유행성 배탈 환자가 없는 때이니 약 먹이고 하루 정도 지켜보자고 하셨다는 의사선생님의 말을 둥이 엄마에게 처방전과 함께 전달한다. 엄마가 조제한 약을 먹이고 증세에 변화가 있는지 보아야 한다는 말이다. 설사가 멈추고 증세가 호전되면 내일까지 쉬고, 모레는 의사선생님의 소견서를 제출하고 정상 등원이 가능해진다. 어쨌든 오늘과 내일은 할배의 시간이다. 둥이들 데리고 강변 산책이나 해야겠다. 틈새 돌봄이 이래서 필요하겠구나! 라는 생각이 든 순간이다.

할아버지! 조심하세요

날씨가 좋은 주말이다. 집에서만 놀기엔 답답했는지 딸 둥이가 산책을 제안한다. 아들 둥이도 산책하자는 의견에 반대하지 않는 눈치다. 카메라를 챙겨 들고 집을 나선다. 산책 장소인 강변까지는 5분이면 충분하다. 강변엔 노란 금계국이 활짝 피었다. 할배는 둥이들에게 꽃 이름을 알려준다.

"꽃이 예쁘지? 꽃 이름은 금계국이야. 미역국 아니고 금계국!"

아재 개그도 아닌 할배 개그에 둥이들이 까르륵 웃는다.

"자~ 꽃들 사이에 서 봐. 꽃이 예쁜가 우리 둥이들이 예쁜가 보자."

꿀벌이 있어 신경 쓰이긴 했지만 문제가 되지 않는다. 촬영 요구에 둥이들은 멋진 포즈를 취해준다. 모델들이 너무 좋아 할배는 그저 신이 난다. 할배가 꿈꾸던 행복한 일상 중에 하나와 마주한 순간이다.

강변엔 작은 공원과 놀이터도 있다. 아파트 놀이터엔 없는 그네가 있어서 둥이들의 즐겨찾기에 등록된 장소다. 더운 날씨 때문인지 비어 있는 두 개의 그네에 냉큼 오른다.

"할아버지가 밀어주세요."

"너무 세게는 말고요."

그네가 움직이자 환호성을 지른다. 둥이들 만큼이나 할배도 신이 난다. 둥이들은 한참 흥이 오르는데 할배는 땀이 흐르고 조금씩 지쳐간다.

"조금만 쉬었다 다시 타자."

"싫어요."

"더 타고 싶어요."

아들 둥이는 쉬었다 타자는 말에 순순히 응하는데 딸 둥이는 다르다. 오랜만의 바깥놀이를 마음껏 즐기고 싶은 거다. 할배는 아들 둥이를 모델로 사진을 찍는다. 이건 순전히 할배의 놀이다. 혼자서 그네 타기가 뭐했는지 딸 둥이도 할배의 놀이에 참전한다. 흐르는 강물을 배경으로도 찍고, 화사한 꽃밭의 요정 콘셉트로도 찍는다.

"메뚜기다."

아들 둥이가 꽃밭에서 작은 곤충들을 발견했다. 곤충을 잡겠다며 꽃밭과 풀숲을 헤집고 다닌다. 잠시겠지만 할배만의 시간이다. 석양에 물들어가는 멋진 강변 풍경들을 향해 셔터를 눌러댄다.

"할아버지! 조심하세요."

아들 둥이가 등 뒤에서 외친다.

"물에 빠지면 위험해요!"

할배가 심쿵해버린 순간이다. 할배가 보호자인줄 알았는데 둥이들의 보호를 받고 있다. 강변 둑에 앉아 빨갛게 물든 하늘을 보며 풍경을 감상한다.

"해가 지는 것을 뭐라고 할까?"

대답 대신 둥이들이 할배를 빤히 쳐다본다.

"아침에 해가 뜨는 것은 일출이고, 해가 지는 것은 일몰이라고 해. 저녁 때의 지는 해를 석양이라고 하고, 이때 하늘이 붉

게 물드는 것을 노을이라고 하지. 아침에 해가 뜰 때와 질 때가 가장 아름다운 풍경들을 보여줘."

"너무 아름다워요."

딸 둥이가 노을에 붉게 물든 풍경에서 눈을 떼지 못한다. 손주들과 세상의 아름다움을 공유하는 행복을 누린다. 어찌 즐겁지 않을까! 함께 나눌 수 있는 것이 하나 더 추가된 날이다.

열 번은 너무 많아요!
다섯 번만 더 해요

거실 창문 가득 햇볕이 드리운다. 집 안이 환하게 밝아지는 시간이다.

"할아버지! 여기 좀 보세요. 지금이 빛이 가장 예쁜 시간이에요!"

딸 둥이가 창문을 가리키며 말한다. 할배가 좋아하는 것을 위한 시간이 되었음을 말해주는 것이다. 언젠가 할배가 말해준, 빛이 사진에 미치는 영향을 정확히 이해하고 포토 타임을 짚어준 것이다. 할배는 사진 찍는 것을 좋아한다. 특히 손주들 노는 모습을 프레임에 담아내길 무척 좋아한다.

"제가 카메라 가져올까요?"

"아냐! 할아버지가 가져올게."

둥이 손에 카메라를 맡기기엔 마음이 놓이지 않는다. 제법 고가의 카메라여서 실수로 떨어뜨리기라도 한다면, 할배는 카메라가 받은 충격 이상으로 아파할 수도 있다.

할배는 작업실에서 카메라를 챙겨 거실로 나간다.

"자! 할아버지 스튜디오 오픈합니다. 모델들은 빨리 좋은 위치에서 예쁜 포즈 취해주세요."

할배의 말에 둥이들이 움직인다. 둥이들은 거실의 어느 위치를 할배가 선호하는지를 잘 안다. 이미 몇 번의 촬영 경험이 있어서다. 둥이 모델들이 촬영을 위해 집중해주는 시간은 그리 길지 않다. 짧은 시간 안에 원하는 사진들을 얻을 수 있어야 한다.

먼저 자유 포즈 시간이다. 둥이들에게는 자기들만의 포즈가 있다. 포즈에서도 할배와 둥이들 생각이 다르다. 할배는 자연스러운 포즈를 좋아하지만, 둥이들은 어디서 보았는지 귀엽고 깜찍해 보이는 포즈들을 보여준다. 촬영을 시작한 지 5분도 채 안 되어 모델들의 집중도가 떨어지기 시작한다. 둥이들은 쉴 새 없이 움직인다. 정확한 셔터 타이밍을 잡기가 보통 어려운 일이 아니다.

"자! 열 번만 더 찍고 간식 먹자."

아직 마음에 쏙 드는 컷이 없다고 여긴 할배는 슬쩍 간식이라는 당근을 던져본다. 당근의 효과는 설명이 필요 없을 정도로 좋다.

"열 번은 너무 많아요! 다섯 번만 더 해요."

촬영에 있어서 모델은 언제나 '갑'이다. 갑의 요구를 무시할 수 없다. 다섯 컷을 가장한 열 컷 찍기는 '을'인 할배의 숨은 능력이다. 촬영을 마치고 뷰파인더를 통해 미리보기를 한다. 할배도 둥이도 결과물에 대하여 모두 만족해한다.

"간식 준비할 동안 TV 좀 보고 있어!"

무엇엔가 집중하는 사진을 얻기 위한 할배의 꼼수다. 자연채광으로 실내에서 좋은 사진들을 얻을 수 있는 시간은 길지 않다. 시청하는 위치까지 만들어주고 TV에 집중하고 있는 둥이들을 담아낸다. 할배가 좋아하는 사진들은 무엇엔가 집중하는 둥이들의 진지함에서 얻어진다.

"우리 모델들 수고 많았습니다."

촬영을 마친다는 할배의 신호다. TV에 집중하느라 할배의 말은 들리지도 않는다. 원하던 사진 몇 컷으로 한껏 기분이 좋아진 할배는 간식 준비를 위해 주방으로 향한다.

두 골 넣었어요!

축구교실을 다녀온 아들 둥이가 딸 둥이와 함께 입이 귀에 걸려서 할배에게 왔다. 손에는 할배와 함께 먹으라고 아빠가 사준 햄버거와 음료수를 들고 있다.

"오늘은 우리 팀이 3:1로 이겼어요!"

아들 둥이의 기분 좋은 이유가 축구에서 이긴 것 때문이다. 그러나 할배의 관심사는 따로 있다. 팀 성적이 아닌 둥이의 개인 성적이다.

"그럼 하진이는 몇 골 넣었지?"

"두 골 넣었어요!"

"그래! 잘했어!"

한껏 기분이 업되어 있는 아들 둥이에게 하이파이브 해주며 기쁨을 나눈다. 지난 밤 뉴스에 뜬 손흥민 선수가 골 넣었단 소식만큼이나 기쁘다. 아들 둥이의 경기를 직관하지 못한 것이 못내 아쉽지만 할배의 기분은 이미 하늘을 날고 있다. 할배는 축구나 농구 같은 큰 공으로 하는 운동에 약점이 있는데 아들 둥이는 모든 운동을 다 잘하는 것 같다. 아직 할배 친구들이 없는 낯선 동네이니 누구에게 자랑해야 할까 고민 중이다.

꽃하고
친구도 해요?

산책 중에 꽃들을 만났다. 잠시 걸음을 멈추고 둥이들에게 꽃을 소개하는 시간을 갖는다. 이건 꽃 이름을 많이 알고 있는 할머니 몫이다.

"이 친구는 제비꽃이고, 그 옆에 친구는 남산제비야. 그리고 그 옆에 노란 꽃은 우리 둥이들도 잘 알지?"

"네! 알아요. 민들레꽃!"

"민들레는 어디에고 많이 피어 있어서 쉽게 볼 수 있는 꽃이야. 얘들아, 여기 좀 봐! 이 작은 꽃은 꽃마리라고 해."

"꽃마리요?"

"작지만 정말 귀엽고 예쁘지? 꽃마리의 꽃말은 '나를 잊지 마세요'라고 한대."

둥이들이 할머니를 신기하다는 듯 바라보다가 묻는다.

"할머니는 그렇게 많은 꽃 이름을 어떻게 다 기억해요?"

"아냐, 할머니도 많이 아는 게 아니고 아주 조금 알고 있는 거야. 그것도 해마다 만나지는 친구들만 아는 정도인걸."

"꽃하고 친구도 해요?"

"그럼! 할머니가 너희들보다 어렸을 때부터 해마다 만나는 아주 친한 친구들이지."

둥이들이 할머니의 꽃 이야기에 푹 빠졌다. 철따라 바뀌는 꽃들을 많이 알려줘야겠다. 둥이들이 자연을 자주 접하며, 자연과 함께 살아갈 수 있다면 얼마나 좋을까 하는 생각을 해본다. 가장 훌륭한 스승은 자연 속에 있음을 둥이들도 알 수 있는 날이 빨리 왔으면 좋겠다.

엄마 안녕!

닮은 듯 전혀 다른 둥이들을 지켜보는 것만으로도 할배는 즐겁다. 둥이네 아침 일상은 다사다난하다. 아직 꿈나라를 벗어나지 못한 둥이들을 두고 가장 먼저 출근하는 둥이 엄마는 빵과 우유, 시리얼 등으로 간단히 아침을 먹고 집을 나선다. 엄마 배웅은 거의 딸 둥이의 몫이다.

"엄마! 사랑해! 오늘도 힘내세요. 우유 빛깔 우리 엄마! 지구 최강 우리 엄마!"

찬양 일색의 미사여구가 등장하는 시간이다. 딸 둥이의 선물 같은 아침 의전은 둥이 엄마가 하루를 이겨내는 에너지가 될 것이 분명하다. 너무 졸려서 아직 이불 속에 있다가도 "엄마 간다." 이 한마디면 딸 둥이는 거짓말처럼 벌떡 일어난다.

　아들 둥이는 어떨까? 기상시키는 것부터가 쉽지 않다. 강제로 일으켜 앉혀 놓아도 그대로 다시 엎어져 잠을 잔다. 잠자는 척이 아닌 코까지 골아가며 아주 정석 같은 숙면을 취한다. 등원 준비에 대한 걱정은 오직 아빠의 몫이다. 시간 맞춰 출근해야 하는 것도 아빠의 사정일 뿐이다. 반 강제로 잠 깨우기를 시도하면 아들 둥이는 "세상에 어린이집 같은 거 없었으면 좋겠어!"라는 충격적인 말을 하며 울음을 터뜨린다.

　그런 둥이네 집에 기적 같은 일이 일어났다. 아들 둥이가 깨우지 않는데도 스스로 일어나서 "엄마 안녕!"을 외치고 해맑은 웃음을 보이며 아침 인사를 건넨 것이다. 반대로 딸 둥이는 여전히 이불 속에서 꿈나라를 헤매고 있었다. 살다 보니 이런 날도 있구나 싶어 이유를 물었더니 기가 막힌다. 9월은 둥이들이 세상에 온 달이다. 9월의 시작과 함께 생일 카운트다운을 시작하더니, 받고 싶은 선물이 무엇인지를 통보했단다. 탄생일이 추석 무렵인지라 배송에 차질이 생길까 싶어 원하는 선물들을 미리 주문했고 오늘이 바로 D-데이란다. 선물이 배송되는 날은 늦잠꾸러기 둥이도 스스로 일어나게 만든다.

할아버지! 목말라요

장마철답게 제법 많은 비가 내린다. 둥이 아빠의 출장으로 주말을 할배 집에서 보내게 된 아이들이 많이 답답한지 몸을 꼬기 시작한다. 할배와의 놀이엔 분명히 한계가 있다. 놀이 콘텐츠가 좀 더 다양해야 하는데 현재 능력으로는 많이 부족하다. 대형 마트 문화 센터에서 운영하는 발레도 다녀왔고, 어린이 축구 교실도 다녀왔지만, 활동적인 놀이에 진심인 둥이들은 여전히 놀이에 목마르다. 날씨가 궂으니 하는 수 없이 할배의 몇 개 없는 콘텐츠에 의존할 수밖에 없다. 종이접기, 그림그리기, 미디어 시청도 마지못해 하는 눈치다.

"할아버지! 이것 좀 보세요."

딸 둥이가 톤 높은 목소리로 할아버지를 찾는다. 손으로 창밖을 가리킨다. 비를 뿌리며 칙칙했던 날씨가 거짓말처럼 맑게 개어 있었다.

"강변에 바람 쐬러 나갈까?"

"좋아요!"

이 순간만을 기다렸다는 듯이 둥이들이 좋아한다.

"비는 그쳤어도 땅은 젖었으니 장화 신고 나가자."

둥이들은 장화를 신고 할배는 카메라를 챙겨 집을 나선다. 둥이들은 좋아하지만 할배는 바짝 긴장해야 한다. 귀가할 때까지 둥이들의 안전담당자는 할배이기 때문이다. 차 조심은 물론이고, 들뜬 기분에 달리다가 넘어져서도 안 된다. 길을 건널 때는 손을 꼭 잡고 "건너자!"고 할 때까지 기다린다. 강변 산책로에 도착했다. 산책로 여기저기에 크고 작은 물웅덩이가 보인다.

"물 없는 곳으로 피해서 걷자."

이건 어디까지나 할배 생각이다. 둥이들은 그러고 싶은 마음이 전혀 없다. 장화까지 신었으니 마음 놓고 물웅덩이로 향한다. 입은 그러지 마라 말리지만 아이들다움을 나무랄 생각

은 없다.

"애들아! 잠깐만 그대로 있어 봐."

물웅덩이 속에 또 다른 둥이들의 모습이 할배 눈에 들어왔다. 동작을 멈추게 하고 카메라 셔터를 누른다. 할배는 둥이들이 두고두고 추억할 이야기들을 사진으로 남기는 중이다.

"할아버지! 이것 보세요. 꽃이 비에 젖었어요."

"더워서 샤워를 했을 거야. 이 꽃 이름이 뭐라고 했지?"

얼른 생각이 나지 않아 잠시 기억을 더듬는가 싶더니 답을 찾았나 보다.

"금계국! 미역국 아니고, 김칫국 아니고, 된장국도 아니고 금계국!"

할배가 알려준 방식 그대로 답을 한다. 아들 둥이는 무엇을 보았는지 풀숲을 뒤지고 있다. 메뚜기나 여치를 본 것 같다.

"할아버지! 우리 그네 타러 가요."

"그럴까!"

둥이들이 원하는 놀이터로 이동을 한다. 놀이터엔 아이들이 없어서 그네도 비어 있다. 문제가 생겼다. 그네의 앉는 시트가 젖어 있다. 둥이들이 난감해 한다. 할배가 나서야 할 때다. 손으로 시트의 물기를 최대한 털어내고 남은 여분의 물기가 마르기를 기다린다.

　기다리는 시간이 지루하지 않도록 할배는 포토타임을 갖는다. 함께 하는 할배의 즐거움을 위해 둥이들은 기꺼이 포즈를 취해준다. 아이들 지정 포즈인 손가락 브이는 물론, 할배가 원하는 사이좋은 남매 포즈도 척척 해낸다. 사진을 찍는 사이 그네 시트가 말랐다. 다시 신나는 놀이 시간이다. 그네 타기에 열중하던 둥이들이, 태양이 지배하는 여름으로 돌아온 날씨에 힘이 드는지 그만하고 집에 가고 싶단다.

　"할아버지! 목말라요."

　"그래! 빨리 집에 가서 시원한 물 마시자."

　할배는 눈치가 없어도 너무 없다. 둥이들이 원하는 것은 집에 있는 정수기의 냉수가 아니다.

　"저기 편의점에 가서 시원한 음료수 사주시면 안돼요?"

　둥이들에겐 다 계획이 있다. 할배가 그러마고 하자 신이 나서 외친다.

　"할아버지 최고! 최고!"

　가끔 이렇게 할배의 지갑을 열게 하는 것도 둥이들의 남다른 능력이다.

사진 찍고 가요

둥이들의 하원 중에 안동향교 앞을 지나면서 멋진 하늘을 본다. 구름이 해를 반쯤 가리고 있고, 그 아래에 구름이 그림처럼 깔려있다. 구름 사이로 빛이 쏟아져 내린다. 빛내림이다. 할배는 자연이 주는 선물 같은 순간을 함께 나누고 싶어 룸미러를 통해 뒷좌석 카시트에 앉아 있는 둥이들에게 소리쳤다.

"얘들아! 하늘 좀 봐. 정말 멋진 하늘이야!"

둥이들에게 할배의 이런 행동은 전혀 낯설지 않다. 예쁜 꽃을 보거나 특이하게 생긴 나무를 보아도 늘 이런 식이다. 할배의 말에 둥이들은 달리는 차 안에서 하늘을 본다.

"우와! 정말 멋져요. 할아버지!"

즉시 반응을 보이는 것은 거의 딸 둥이의 몫이다.

"구름들 사이로 기둥처럼 빛이 쏟아져 나오는 현상을 뭐라고 했었지?"

"알긴 아는 건데 지금은 생각이 나질 않아요."

"빛내림이라고 지난번에 강변에서 알려줬잖아."

"맞아요! 생각났어요."

"할아버지! 한쪽에 차 세우고 사진 찍고 가요."

역시 할배 마음을 알아주는 건 둥이들 뿐이다.

"할아버지도 그러고 싶은데 차 세울 곳이 마땅치 않아. 카메라도 안 가져 왔고."

말은 그렇게 했지만 집이 가까워질수록 할배 마음은 조급해진다. 시시각각 변화가 심한 것이 기상인지라 빛내림 현상이 언제 사라질지 모르기 때문이다. 큰길을 따라 달리던 차를 샛길로 몰았다. 차량 통행이 적고 갓길 주차도 가능한 길이다. 건물이나 전봇대를 모두 피해 하늘을 보기 편한 위치에 잠시 정차를 했다. 디지털 카메라가 아닌 휴대폰으로 사진을 찍어보려는 생각에서다. 차에서 내려 하늘을 본다. 빛내림은 거의 찾아볼 수 없는 상황으로 변해버렸다. 바람이 구름을 밀어낸 것이다. 아쉬움을 안고 다시 집으로 향한다.

"못 찍으셨어요?"

"응, 기회를 놓쳤어. 사진을 찍지는 못했지만 너희들과 같이 멋진 하늘을 보았으니 괜찮아."

"할아버지는 오로라를 본 적이 있으세요?"

"아니! 오로라는 남극이나 북극에서 볼 수 있는 거야. 열대 지방에서 눈을 볼 수 없는 것처럼 우리나라에서는 오로라를 볼 수 없어. 그런데 너희들이 오로라를 어떻게 알아?"

"겨울왕국에서 봤는데 정말 신기했어요."

둥이들이 나중에 할배와 함께 오로라 보러 가잔다. 말만 들어도 즐거워진다. 오늘 밤은 둥이들과 겨울왕국인 아이슬란드나 노르웨이를 여행하는 꿈이라도 꾸어보고 싶다.

부용대 고양이

할배가 안동에 새 둥지를 튼 지 얼마 지나지 않아서의 일이다. 둥이 엄마에게서 전화가 걸려왔다.

"아빠! 집이세요?"

"응, 집이야. 이 시간에 아빠가 어디 있겠어!"

"특별한 일 없으시면 둥이들 하고 같이 바람 쐬러 가실래요?"

"어디 좋은 데 있니?"

"차로 30분 거리에 부용대가 있어요."

"하회마을이 한눈에 내려다보이는 유명한 곳인데…!"

"아빠도 검색해 보셨네요."

"그래 한번 가보자."

"그럼 10분 뒤에 주차장으로 내려오세요."

할배는 통화를 끝내고 창밖으로 하늘을 본다. 구름도 적당하고 좋은 날씨다. 카메라를 먼저 챙긴다. 외출할 때 쓰라고 둥이 엄마가 사준 모자를 쓰는 것도 잊지 않는다. 둥이 엄마는 일찍 퇴근한 주말 오후 시간을 둥이들을 위해 쓰고 싶어 한다. 둥이 엄마는 적어도 일주일에 한두 번은 아이들에게 바깥 활동을 시키려고 노력한다. 둥이들과의 바깥 활동이 쉬운 일은 아니지만, 그래야 한 주가 편하게 지나간다고 말한다. 바깥 활동이 아이들의 스트레스 해소에 많은 도움이 되는 것을 느낀다고 한다. 둥이 엄마와 이야길 하면서 가는 동안에 아들 둥이는 차안에서 잠이 들었다. 주말이긴 하지만 주차장은 한산했다. 유명 관광지가 맞는지 의심스러울 정도다. 주차장에 도착해서도 둥이는 꿈나라를 헤매고 있다. 아무리 깨워도 꿈쩍도 않는다. 하는 수 없이 둥이 엄마가 아들 둥이를 등에 업는다.

험해 보이진 않지만 250미터 정도의 산길을 올라가야 한다.

딸 둥이의 손을 잡고 오르는 동안에 할배는 숨이 가빠온다. 둥이 엄마도 많이 힘들어 보여 아들 둥이를 깨워보지만 일어날 기미조차 보이지 않는다. 그때였다. 위에서 작은 동물 한 마리가 달려 내려오는 것이 보였다. 혹시 공격을 당할까 싶어 딸 둥이를 할배 등 뒤로 서게 하고 동물의 움직임을 본다. 동물과의 거리가 가까워져서야 정체가 고양이라는 사실을 알고 다소 안심이 되었다.

"고양이였네!"

"고양이가 왜 산에서 내려오지?"

고양이는 할배 일행들 앞까지 와서 멈춘다. 꼬리를 치켜들긴 했지만 공격성은 없어 보였다. 주변을 맴돌며 친근감 표시를 한다. 하는 짓으로 보아 길고양이는 아닌 것 같았다. 순간 할배는 고양이를 핑계로 아들 둥이를 깨워보겠다는 생각을 했다.

"하진아! 고양이가 우리를 마중 나왔나 봐!"

엄마 등에 업혀 있던 둥이가 고개를 들어 고양이를 보더니 반응을 한다. 둥이 엄마도 기회를 놓치지 않고 아들 둥이를 내려놓는다. 아들 둥이가 고양이를 만지려 하자 순순히 등을 허락한다. 고양이와의 만남을 뒤로 하고 산을 오르려는데 고양이가 앞장을 선다. 마치 자신을 따라오라는 안내자의 몸짓이다.

"고양이가 우리 하나, 하진이 온다고 마중 나왔나 봐!"

둥이들은 즐거워하며 고양이의 안내를 받아 산길을 씩씩하게 따라 오른다. 아들 둥이가 제 발로 산을 오르는 모습에 할배와 둥이 엄마는 안도의 숨을 내쉰다.

적당히 힘든 산행 끝에 부용대에 도착했다. 해가 저물기 시작하는 시간이라 제법 쌀쌀한 날씨다. 낙동강이 하회마을을 감싸고 흐르고 있는 아름다운 전경이 눈에 들어온다. 할배는 먼저 둥이네 가족들의 인증샷을 찍어주고, 여전히 고양이와 함께 노는 둥이들을 몇 컷 담아낸다. 부용대는 일몰 명소로도 유명한 곳이라는데 두터운 구름층이 해를 가리기 시작한다. 할배의 셔터 누르기는 이때부터 멈추지 않는다. 멋진 일몰은 아니지만 하늘이 점점 붉게 물들어 가는 시간이다. 처음엔 할배 가족들뿐이었는데 부용대 일몰을 보려는 사람들의 발길이 뒤늦게 이어지고 있다. 둥이들은 여전히 고양이와 놀기에 정신이 팔려 있다. 날씨가 점점 차갑게 느껴지고 어둠이 깔리기 시작한다. 서둘러 산을 내려왔다. 내려오는 길에도 고양이가 동행을 해주었다. 붙임성 좋은 고양이 덕분에 둥이들을 동반한 나들이가 무척 수월해졌던 날이다.

얘들아 제발!

둥이들의 하원을 위해 어린이집에 갔다. 현관 앞에서 잠시 기다리니 둥이들이 '짠!' 하며 나타난다. 하원카드를 찍는 동안 원장선생님이 급히 달려 나오신다.

"할아버지, 오늘 하나가 놀이터 철봉에서 떨어지면서 좀 다쳤어요."

"좀 더 신경을 썼어야 하는데 갑자기 일어난 일이라서…."

원장선생님의 말에 딸 둥이의 얼굴을 살펴본다. 코와 얼굴에 상처가 생겼다. 다행히 흉이 남을 정도의 큰 상처는 아닌 것 같아 마음이 놓였다.

"할아버지, 속상하시죠?"

"이 정도야 뭐, 크게 다친 것도 아니고… 아이들이 놀다 보면 다칠 수도 있고 그렇죠."

미안한 마음에 어쩔 줄 몰라 하는 원장선생님께 인사를 하고 어린이집을 나섰다.

평소에 둥이들이 뛰어놀 때면 위험하니 조심하란 말을 입에 달고 산다. 움직임이 빠르고 과격해서 늘 조마조마한 마음으로 지켜보아야 한다.

"하나야! 어쩌다 다쳤는지 기억나?"

"점프해서 철봉을 잡으려다 놓쳤어요."

"저런! 조심했어야지. 그래서 많이 울었어?"

"많이는 아니고 조금 울었어요."

"집에서도 할아버지가 위험하게는 놀지 말라고 말하잖아. 우리 둥이들 다치면 누가 제일 속상해 할까?"

"할아버지, 할머니, 엄마, 아빠, 이모…!"

"맞아! 너희들은 할아버지의 보물들이잖아. 그러니까 부딪치거나 넘어지지 않도록 조심해야겠지?"

"네!"

아이들이 다치는 일은 정말 순식간에 일어난다. 발밑을 보지 않아 넘어지기도 하고, 작은 틈 사이로 신체의 일부를 집어넣어 다치기도 한다. 어린이집에서도 보육의 가장 우선순위가 안전이겠지만, 전혀 예상치 못한 상황에서 발생하는 돌발적인 사고는 어쩔 도리가 없을 것이다.

할배 집에서도 둥이들은 거의 날아다닌다. 소파 위에서 바닥의 매트를 향해 점프는 기본이고, 목을 아래로 향하게 하여 거꾸로 내려오기도 한다. 할배는 그럴 때마다 "얘들아 제발!"을 외치면서 단호하게 말린다. 둥이 엄마가 올 때까지 안전지킴이의 역할도 할배 몫이기 때문이다.

퇴근과 함께 할배집에 들른 둥이 엄마가 딸 둥이의 얼굴부터 살피더니 연고를 발라준다. 오후에 어린이집으로부터 연락을 받아 알고 있었단다. 다치면서 크는 것이 아이들이지만, 다치지 않으면서 커주면 더 좋겠다는 것이 할배 생각이다.

할아버지가 그런 거 엄청 잘하잖아!

장마가 지루하게 이어진다. 손주들 못잖게 할배도 답답하다. 모처럼 미국에서 둥이들 사촌도 왔는데 방콕만 하는 게 마음에 걸린다.

"얘들아! 장마 끝나면 어디로 놀러 갈까?"

"키즈카페요!"

"워터파크 가요."

"갯벌 체험하기로 했잖아요!"

미국에서 날아온 큰손주 쭈니는 할배가 한국에 오면 가장 하고 싶은 게 무어냐고 물었던 영상통화를 잊지 않고 갯벌체험을 말한다. 아이들 셋의 취향이 달라 의견이 하나로 모아질 수 없음을 할배는 너무도 잘 안다. 투표로 결정하는 것이 가장 민주적인 방법이라며 할배가 슬며시 의견을 내놓았다. 할배도 아이들에게 의견을 물어 어렵지 않게 투표권을 얻어냈다. 모두들 자신이 가자고 했던 곳에 표를 행사한다. 1대1대1이다. 할배의 투표에 의해 장소가 결정되는 정말 민주적인 절차만 남았다. 할배도 소중한 표를 행사하고 결국은 할배 가고 싶은 곳으로 결정이 났다. 할배가 표를 던진 곳의 장점들을 설명한다. 행여 터져 나올지 모를 불만을 잠재우기 위함이다. 둥이들과 함께 하는 곳이면 지옥이라도 따라나설 할배다. 둥이들과의 즐거운 하루 말고도 아름다운 갯벌 풍경을 사진에 담고 싶어 하는 또 다른 할배의 욕심이 더해진 것이다.

"갯벌에 가면 조개도 잡을 수 있고, 게도 잡을 수 있어."

"게가 물면 어떡해요?"

"손을 물 정도의 커다란 게가 아니고 아주 조그만 게를 잡는 거야. 바다도 볼 수 있고, 등대도 가볼 수 있어."

"그럼 소라도 잡을 수 있어요?"

"운이 좋으면 잡을 수 있을지도 몰라. 모래 놀이도 할 수 있고."

"그럼 모래성도 만들 수 있겠네요?"
"당연하지! 할아버지가 그런 거 엄청 잘하잖아!"

아직 시간적 여유가 있지만 할배는 열심히 갯벌 체험을 검색한다. 오고 가는데 시간이 많이 걸리지 않아야 하며, 아름다운 주변 풍경이 있는지 아이들과 함께 해도 좋을 만큼 안전한지를 염두에 둔다. 최종 한 곳을 마음속으로 결정하고 빨리 주말이 오기만을 기다렸다. 그러나 세상일이 뜻대로만 되지 않는다. 주말을 2~3일 남겨두고 할배의 건강에 문제가 생겼다. 허리에 담이 들어 일상적인 거동에도 어려움이 생겼다. 주말 갯벌 체험은 물 건너갔다. 주말여행으로 들떠 있는 아이들을 위해 계획 수정이 불가피해졌다. 할배 부부를 빼고 가까운 경주로 여행지가 변경되고 갯벌 체험이 아닌 호캉스로 여행 계획이 전면 수정되었다.

여행지에서 즐거운 시간을 보내는 아이들의 사진이 톡으로 날아든다. 할배 없이도 잘 놀고 있으니 걱정 말라는 메시지다.

그래도 괜찮아요

추석 연휴가 끝나자마자 둥이들의 3대 기념일 중 가장 큰 날인 생일이다. 할배 부부가 둥이네 가족을 저녁 식사에 초대했다. 먼저 딸 둥이가 엄마와 함께 들어서는데 표정이 좋지 않다. 둥이들 생일인데 아빠가 케이크를 사러 아들 둥이만 데리고 간 게 딸 둥이의 심사를 불편하게 만든 이유란다. 문 앞에서 두 팔 벌려 반기는 할배는 보이지도 않는다. 잔뜩 골이 난 표정으로 거실을 살피는가 싶더니 이내 표정이 밝아져서 급히 신발을 벗는다. 할배를 제치고 거실 소파를 향해 달음박질한다. 소파 등받이 위에 올려 놓은 둥이들 생일 선물을 발견한 것이다. 딸 둥이는 할머니가 정성들여 포장한 선물 꾸러미를 집어 들더니 망설임 없이 포장지를 벗긴다.

"이거 옷이잖아!"

딸둥이의 얼굴에 실망의 그림자가 스쳐 지나간다.

"잘 찾아봐! 옷 속에 다른 것도 있으니까."

할머니의 말에 표정이 다시 밝아지며 옷을 풀어헤쳐 작은 선물 포장 하나와 생일 축하 카드를 찾아낸다.

"우와! 이거예요! 정말 갖고 싶었던 건데!"

"그럼 할아버지한테 고맙습니다, 해야지."

할머니의 말이 끝나기도 전에 할배에게 달려와 안긴다.

"할아버지! 고맙습니다."

"그렇게 좋아?"

"그럼요! 너무너무 좋아요."

고맙다는 인사와 함께 연신 뽀뽀 세례를 하는가 싶더니, 할머니가 손뜨개로 완성한 예쁜 모자를 발견하고 손뼉을 친다. 모자를 쓰고 방으로 달려가 거울을 보고 나오더니 할머니에게 안긴다. 둥이들이 받고 싶다는 선물만으로는 부족하다 생각한 할머니가 바뀌는 계절에 맞추어 옷도 한 벌씩 장만했는데 옷은 관심 밖이다. 할배가 준비한 선물은 어린이 캐릭터 목걸이와 게임용 카드다. 둥이들에게 받고 싶은 선물이 무어냐고 물어 준비한 것이니 싫어할 이유가 전혀 없다. 둥이 엄마가 옷은 특별한 날이 아니어도 받을 수 있는 평범한 것이고, 3대 기념일에 받을 수 있는 것들을 선물로 생각하고 있다고 알려준다.

딸 둥이가 캐릭터 목걸이를 목에 걸고 있을 때 아들 둥이가 아빠와 함께 나타났다. 선물을 발견한 아들 둥이의 행동도 딸 둥이와 다르지 않다. 포장을 벗겨내고 옷은 한쪽으로 휙 집어 던지고 정말 사소한 선물인 게임카드에만 집중한다.

"그런데 왜 하나는 선물이 더 많아요?"

딸 둥이의 선물에 모자와 머리핀이 추가된 것에 대한 아들 둥이의 이의제기다. 선물의 개수가 맞지 않는다고 따지는 거다.

"모자는 이모가 뜨다가 말고 미국에 가서 나머지를 할머니가 뜬 거고…."

할머니가 애써 변명을 한다.

"그래도 괜찮아요. 내가 갖고 싶었던 게임카드가 있으니까요!"

지켜보던 둥이 엄마가 안도의 숨을 내쉰다. 보통 때 같으면 꼬라지를 부려도 한참 부렸을 건수란다. 그만큼 자란 것일 게

다. 몸이 자란만큼 생각의 크기도 좀 더 자란 것이다. 큰돈 쓴 할머니보다 포인트 포함한 푼돈 쓴 할배가 제대로 생색을 내고 있다. 둥이네 가족들과 함께 식사를 하고, 둥이 아빠가 준비한 케이크에 촛불을 밝혔다. 이때도 딸 둥이는 전등을 끄러 다니느라 뛰어다닌다. 무얼 해도 제대로 해야 하는 둥이들이다. 언제나 밝고 건강하게 자라주길 기도한 날이다.

옛날이야기

둥이들은 할배와 함께 있으면 잠을 자는 시간도 아까워한다. 할배가 지치든 둥이들이 지쳐서 잠이 들든 그때까지 놀고 싶어 한다. 오늘도 어김없이 잠자리에 들기 위해 누운 할배 곁으로 둥이들이 모여든다.

"내일 어린이집 가려면 일찍 자야지."

"잠이 안 와요."

"할아버진 졸려서 자야 되는데…."

"옛날이야기 하나만 해주세요."

"정말 하나만 해주면 자는 거야?"

"네!"

둥이들의 성화에 못 이겨 이야길 시작한다. 재미가 없어도 너무 없어서 듣다가 졸려 잠이 들어도 전혀 이상하지 않을 재미없는 이야길 해준다.

'옛날에 아주 오래전 옛날 산골마을에 아주 가난한 집에 삼형제가 살고 있었어.'로 시작하는 이야기를 정말 재미없게 하는데 반응이 묘하다. 분명히 '재미없어요!'라는 반응이 나와야 하는데 너무 재미있어 하며 듣는다. 할배 생각엔 재미있을 구석이 전혀 없는 이야기를 재미없게 하는 중인데 분명 무언가 잘못되었단 생각이 든다. 웃어야 할 대목이 전혀 없는데 깔깔거리며 웃기까지 한다.

"아니 얘들아! 벌이 모아 놓은 꿀을 훔쳐 먹다가 엉덩이를 벌에 쏘였다는 게 뭐가 그리 웃겨?"

"흐흐흐, 웃기잖아요. 엉덩이를 벌이… 흐흐흐."

"아냐, 이건 아프면서도 슬픈 이야기야. 그리고 밥을 훔쳐 먹다가 불 때는 아궁이 속에 숨은 게 뭐가 웃겨?"

"웃기잖아요! 얼굴에 막 까만 거 묻고… 흐흐흐."

"너무 가난하고 배가 고파서 벌이 모아 놓은 꿀을 훔쳐 먹고, 남의 집 부엌에 들어가서 밥을 훔쳐 먹은 것은 정말 슬픈 이야기야."

　재미없고 슬픈 이야기를 재미있게 듣는 둥이들의 감성에 할배는 놀라고 있다. 가난과 배고픔은 둥이들에게 너무 낯선 단어이고 상황일 것이다. 등장인물과 벌어지는 상황들이 둥이들의 머릿속에서 재미있는 그림으로 만들어지고 있음이 놀라울 뿐이다. 할배의 이야기가 재미가 없어서 졸다가 잠이 들어버리긴 이미 틀려버렸다. 이왕에 이렇게 된 거 마무리만이라도 정말 재미있게 해야겠다는 생각이 들었다.

　"삼형제 중에 막내는 너무 어려서 아버지를 따라다니다 과수원에 갔어. 과수원에서 사과를 맛있게 따먹고 있는데 멀리서 주인이 과수원을 향해 오고 있는 게 보였어. 아버지! 저기 주인이 오고 있어요. 아버지는 숨을 곳이 없나 둘러보았지만 정말 숨을 곳이 없는 거야. 그때 아버지의 눈에 새들을 쫓기 위해 세워둔 허수아비가 보였어. 아버지는 얼른 허수아비의 옷을 벗겨서 자기가 입고 허수아비인 척하기로 했어. 아버지는 허수아비인 척하면 되지만 막내 아들은 숨을 곳이 없잖아? 이 녀석아! 빨리 아빠 옆에 와서 서있어. 하니까… 막내 아들은 허수아비가 된 아빠 옆에 가서 서있었어. 그런데 아들은 배도 너무 고파서 먹던 사과를 계속 우걱우걱 먹고 있는 거야. 주인이 거의 다 왔어 움직이지 마. 하니까 아들은 사과를 입에 문 채로 움직이지 않고 가만히 있었어. 그때 과수원 주인이 허수아비가 된 가난뱅이와 아들이 있는 곳까지 와서는 한참을 바라보는 거야. 어떻게 되었을까?"

"도둑이니까 경찰에 신고했어요?"

"아니."

"그럼 막 때리고 혼내줬어요?"

"그것도 아니야."

"그럼요?"

"과수원 주인이 이렇게 말했어. 내일부터 나와서 허수아비 옷을 입고 새들을 쫓아주시오. 그러면 내가 대가로 쌀을 주겠소. 했다는 거야. 재미있었어?"

"네! 하나만 더 해주세요."

밑도 끝도 없는 할배의 옛날이야기를 재미있게 들어준 둥이들이 고마웠던 날이다. 둥이들 덕분에 할배는 단잠을 잘 수 있을 것 같다.

우리 옆집으로
이사 오시면 안 되나요?

둥이들이 잘 놀고 집으로 돌아가야 할 시간이다. 정리하고 집에 가자는 둥이 엄마의 말에 아들 둥이가 꿈쩍도 않는다. 저녁 식사 후에 할배와 자동차 놀이를 시작하여 이제 겨우 재미에 불이 붙었으니 집에 가자는 말이 귀에 들어오지 않는다.

"지금 가지 않으면 씻고 동화책 읽어줄 시간이 없어!"
"30분만 더 놀고 가면 안돼요?"
"할아버지는 엄마하고 이야기하느라 안 놀아줬잖아요!"
아들 둥이 말이 맞다. 할배는 식사를 하는 동안에도, 식사

후에도 둥이 엄마와 이야기만 했다.

"그러니까 30분 더 놀아야 한다고요!"

할배와 놀지 못했다는 이유를 앞세워 시간 연장을 요청하며 버틴다.

"그럼 하진이는 오늘 동화책 읽기는 포기하는 거야?"

"아니요."

"우리가 빨리 가야 할아버지 할머니도 쉬시지."

"조금만 더 놀고 싶어요."

계속되는 재촉에도 버티는 아들 둥이가 대단하다. 이쯤에서 할배가 나서야 상황이 수습될 것 같다.

"하진아, 오늘은 여기까지만 놀고 내일 다시 놀자."

그나마 자신의 편이라 믿었던 할배를 야속하다는 듯 바라본다.

"할아버지도 지금부터 일해야 하는 시간이야."

일을 해야 한다는 할배의 말에 아들 둥이의 시선이 할머니를 향한다.

"그럼 할머니가 저희 집에 같이 가시면 안돼요?"

일해야 하는 할배 대신 할머니가 놀아달라는 말이다.

"할머니도 쉬셔야 한다니까!"

둥이 엄마의 단호함에도 불구하고 아들 둥이는 거실 매트 위에서 장난감 자동차만 만지작거리고 있다.

"그래~! 대신 할아버지가 내일은 30분 더 놀아줄게!"

더 놀아주겠다는 할배의 말도 이제 소용이 없어졌다. 장난감 자동차를 잡고 있는 손등 위로 눈물이 떨어진다. 더 놀고 싶음에 대한 희망이 사라지고 버팀과 고집이 좌절되는 순간이다. 할배가 아들 둥이를 당겨 품에 안자 참았던 설움이 순식간에 폭발해버린다. 쉴 새 없이 눈물이 흐르고 콧물도 덩달아 함께 흐른다. 지금 할배가 할 수 있는 일은 티슈를 꺼내 눈물을 닦아주는 게 전부다.

"어린이집 다녀와서 지금까지 실컷 놀고도 부족해서 더 놀겠다는 건 네 생각만 하는 거라고!"

"자동차 놀이는 조금밖에 못했는데."

"네가 놀아야 하는 것 때문에 다른 사람들이 아무것도 못하면 되겠어?"

"…"

"할아버지가 지금 놀이를 끝내는 대신 내일 더 놀아준다고 하셨잖아!"

"더 이상 말하기 싫어!"

"지금 정리 안 하면 하나만 데리고 집에 갈 거야."

더는 못 버티겠는지 아들 둥이가 일어서서 정리를 시작한다. 거실에 늘어놓은 장난감들을 모두 박스에 담고 할배를 쳐다본다.

"할아버지, 우리 옆집으로 이사 오시면 안 되나요?"

아들 둥이의 돌발 발언에 할머니와 둥이 엄마가 어이가 없어 웃는다. 앞집만으로는 부족하니 아예 옆집으로 옮기라는 것이다. 같이 놀아주는 할배가 그렇게나 좋았나 보다. 그냥 데리고 살아볼까! 하는 행복한 고민을 해본다.

에필로그

    직장 때문에 친정과 멀리 떨어진 안동에 살게 된 작은 딸은 쌍둥이 육아로 힘든 모습을 감추지 못했다. 결혼과 출산을 부모 곁에서 했던 큰 딸과 달리, 작은 딸이 쌍둥이 남매를 데리고 자동차로 세 시간을 달려 친정에 올 때마다 반가움과 함께 안쓰러운 마음이 점점 커져만 갔다.

    큰 딸 가족이 직장 일로 미국으로 이주하자 할배 부부는 안동으로 갈 마음을 먹었다. 그리고 작은 딸 가족의 절대적인 환영을 받으며 새로운 둥지로의 이전을 마쳤다. 노년에 자녀들을 곁에 두고 살 수 있음은 누구나 누릴 수 있는 복이 아니다. 외로움에서 벗어날 수 있고, 손주들의 재롱은 삶에 큰 기쁨과 활력소가 될 것이며, 좋아하던 일은 여전히 이어가면 될 것이라는 장점만을 생각하기로 했다.

    처음 할아버지란 호칭으로 불렸을 때 기분이 참 묘했다. 노인이란 호칭은 정말 싫었는데, 신기하게도 할아버지란 호칭엔 가슴이 뛰었다. 아마도 유전자의 힘이 아니었을까 싶다. 할아버지가 되면 하고 싶은 일들이 정말 많았다. 함께 놀아주기는 물론이고 산책, 사진, 여행, 요리 등등. 할아버지의 사랑을 한번도 경험해보지 못한, 바로 나 자신이 어린 시절에 받고 싶었던 것들이다. 받는 사랑은 대상의 부재로 인해 경험하지 못했지만 주는 사랑은 얼마든지 가능하단 생각이 들었다. 이제 그것들을 하나씩 실천하는 중이다.

육아는 어디까지나 부모의 몫이고, 할배부부의 역할은 필요로 할 때 돕는 틈새 돌봄이 전부다. 안동으로 이사온 후 달라진 것이 있다면 가까이에서 서로를 살펴준다는 것이다. 힘듦과 불안함은 크게 줄고, 행복이 대폭 확장되었음을 실감한다.

가을은 결실의 계절이다. 늘 텅 비어 있다고 생각했던 곳간 문을 활짝 열어본다. 할배의 곳간엔 가을 수확물인 사랑과 행복으로 빈틈없이 가득하다. 언제부턴가 아무리 품어주어도 부화되지 않는 알 하나를 품고 살았었다. 아무리 품어도 부화가 될 기미가 보이지 않아 무정란인줄 알았었다. 사랑과 행복은 단단한 껍질

속에서 자라고 있음을 이제야 알았다.

　어린 시절의 할배를 품어 세상에 쓰임받도록 잘 키워준 세 여인이 있다. 외조모님과 큰외숙모님, 그리고 지금도 변함없이 할배를 살펴주고 관리해주는 아내다. 여기까지 오도록 잘 이끌어준 크신 사랑에 머리 숙여 감사한 마음을 전한다. 할배의 가족이 되어준 아내, 그리고 두 딸, 두 딸에 이끌려 가족의 울타리에 함께 하게 된 사위들, 마음껏 아끼고 사랑하라시며 하나님이 세상에 보내준 손주님들. 세상 복을 다 가진 것 같아 무엇이 더 필요할까 싶다. 가족들이 있어 여기까지 왔고, 남은 시간들도 함께할 것이다.

　무정란을 부화시키기 위해 이정표도 없는 길을 헤매고 다녔었다. 출판사 명함들이 제법 쌓여갈 무렵, 내 이야기를 두 눈 반짝이며 귀담아 들어주는 사람을 만났다. 그래서 짚신도 짝이 있다고 했나 보다. 출판을 결정하고 무정란을 유정란으로 바꾸는 매직을 배우기 시작했다. 세월을 거슬러 올라가니 나는 한때 마술사였다. 매직 뒤에 숨어 있던 트릭들이 하나씩 떠올랐다. 밤을 지새우는 일이 다시 즐거워지기 시작했다. 마술사로 다시 부활시

켜준 편집자님께도 감사의 말씀을 전한다. 세상에서 가장 바쁘게 사시는 중에도 기꺼이 추천의 글을 승낙해주신 한국자치법규연구소 최인혜 소장님께도 진심으로 고마움을 전한다.

 할배의 손을 떠난 이야기들은 이제 온전히 독자님들의 것이다. 부족해 보임에 대한 지적도, 다음 이야기에 대한 응원도 기꺼이 받아들일 마음의 준비가 되었다. 오래도록 함께 행복하길 소원해본다.

할아버지가 데리러 갈게

초판 1쇄 발행일 | 2024년 12월 5일

지은이	서석하
펴낸이	신선숙
기획편집	인생첫책
디자인	가혜순

펴낸곳	인생첫책
출판등록	2024년 2월 27일	제 2024-000036호
주소	경기도 고양시 덕양구 소원로 91 해피트리움 504호
이메일	thefirstbookoflife@naver.com
인스타그램	@thefirstbookoflife

ISBN 979-11-990243-0-4 (03810)

* 책 가격은 뒤표지에 있습니다.
* 잘못된 책은 구입처에서 교환해 드립니다.

인생첫책은 여러분의 첫 책 출판을 위하여 최선을 다합니다. 저자와 출판사가 함께 만들어가는 협동출판을 지향합니다. 원고 투고와 협업 제안을 기다립니다.